W0247233

WOLFGANG KÄHLER

SCHLACHTSCHIFF GNEISENAU

Tatsachenbericht

WILHELM HEYNE VERLAG

MÜNCHEN

HEYNE-BUCH Nr. 5866
im Wilhelm Heyne Verlag, München

Genehmigte, ungekürzte Taschenbuchausgabe
Copyright © 1979 by Koehlers Verlagsgesellschaft mbH, Herford
Printed in Germany 1981
Umschlagfoto: Süddeutscher Verlag, Bilderdienst, München
Fotos, Skizzen und Karten: Franz Federholzner,
Archiv des Verfassers
und Archiv der Marinekameradschaft »Gneisenau« e.V.
Umschlaggestaltung: Atelier Heinrichs & Schütz, München
Gesamtherstellung: Ebner Ulm

ISBN 3-453-01364-6

Inhalt

Abkürzungen

BS	Schlachtschiff *Bismarck*
HP	Schwerer Kreuzer *Admiral Hipper*
GU	Schlachtschiff *Gneisenau*
PG	Schwerer Kreuzer *Prinz Eugen*
SH	Schlachtschiff *Scharnhorst*
TP	Schlachtschiff *Tirpitz*
NG	Kreuzer *Nürnberg*
Bb	Backbord
Stb	Steuerbord
sm	Seemeile (1852 m)
hm	Hektometer, 100 m, in der Artillerie gebräuchlich
BRT	Bruttoregistertonne, Größenangabe von Handelsschiffen
Adm	Admiral
VAdm	Vizeadmiral
KAdm	Konteradmiral
KzS	Kapitän zur See
FK	Fregattenkapitän
KK	Korvettenkapitän
KL	Kapitänleutnant
OL	Oberleutnant
L	Leutnant
(Ing.)	Marineingenieuroffizier
(V)	Marineverwaltungsoffizier
(W)	Marinewaffenoffizier
ObdM	Oberbefehlshaber der Kriegsmarine
BdA	Befehlshaber der Aufklärungsstreitkräfte
BdS	Befehlshaber der Schlachtschiffe
BdK	Befehlshaber der Kreuzer
K/Kmdt	Kommandant
I.O	Erster Offizier

NO	Navigationsoffizier
WO	Wachhabender Offizier
I. AO	Erster Artillerieoffizier
Flak AO	Flakartillerieoffizier
ATO	Artillerietechnischer Offizier
TO	Torpedooffizier
BNO	Bordnachrichtenoffizier
LI	Leitender Ingenieur
EI	E-Abschnittsoffizier
SO	Schiffssicherungsoffizier
SA	Schiffsarzt
SVO	Schiffsverwaltungsoffizier
SA	Schwere Artillerie
MA	Mittelartillerie

Vorwort

Als Herausgeber und Verlag an mich die Frage richteten, ob
ich bereit wäre, über das Schlachtschiff *Gneisenau* ein Buch
im Rahmen der neuen Reihe »Männer · Schiffe · Schick-
sale«, herausgegeben von Jochen Brennecke, zu schreiben,
stimmte ich gerne zu. Über drei der vier Schlachtschiffe gibt
es inzwischen, auch im Ausland erschienene Bücher, nur
noch keins über die *Gneisenau*, und sie hat es als erstes der
vier nach dem Ersten Weltkrieg in Dienst gestellten
Schlachtschiffe und als langjähriges Flottenflaggschiff verdient, daß auch über ihr Schicksal die Öffentlichkeit zu-
sammenhängend unterrichtet wird. Es soll ein Erinnerungs-
buch für die Besatzungsmitglieder und für ihre Familien
sein, gleichzeitig aber auch die jüngeren Generationen über
Sinn und Aufgaben eines Schiffstyps, der endgültig der
Vergangenheit angehört, sowie über seine Einsätze im Zweiten Weltkrieg informieren.

Die in dieser Buchreihe festgelegte Seitenzahl zwang den
Verfasser zur Beschränkung in der Darstellung des Einsatzes
und in Einzelschilderungen, und ich bitte meine Kameraden
daher um Verständnis, wenn sie manchen Namen vermissen
oder Ereignisse nicht ausführlich genug dargestellt finden.

Ich bin dankbar für manche Unterstützung meiner Arbeit
durch Text oder Bilder, vor allem durch das Bundesarchiv
in Koblenz, das Bundesarchiv-Militärarchiv in Freiburg und
den Herausgeber der Buchreihe, Jochen Brennecke. Ich
danke einer Anzahl von Angehörigen unserer alten *Gneisenau*, unter denen ich die Kameraden Hans Busch, Holger
Christiansen, Franz Federholzner, Paul Schwarz, Siegfried
Sorge, Dr. Gustav Thermann, Rudolf Wengelewski, Rudolf
Werner und Stephan Zehme hervorheben möchte. Mein

besonderer Dank gilt Herrn Professor Dr.-Ing. Erwin Strohbusch.

Meinen Bordkameraden, die dieses Buch lesen, soll es ein
Gruß von mir sein; wir alle aber denken bei der Lektüre an
unsere gefallenen Kameraden.

Kiel, im September 1979   Wolfgang Kähler

Schlachtschiff »Gneisenau«

Der 8. Dezember 1936 ist für Kiel ein bedeutungsvoller Tag: Nach zwei Jahrzehnten läuft hier zum ersten Mal nach dem Ersten Weltkrieg wieder ein Schlachtschiff vom Stapel. Die drei Kieler Werften hatten noch bis in den Ersten Weltkrieg hinein damals »Linienschiffe« genannte Großkampfschiffe gebaut; der Versailler Vertrag ließ aber nur den Neubau kleinerer Kriegsschiffe zu. So entstanden hier das Panzerschiff *Deutschland* und die Leichten Kreuzer *Karlsruhe* und *Nürnberg*.

Für die deutsche Marine war der 8. Dezember einmal ein Datum tragischer Bedeutung: an diesem Tage ging 1914 das Kreuzergeschwader des Vizeadmirals Graf Spee bei den Falkland-Inseln im Feuer weit überlegener Seestreitkräfte unter. Nur ein Kleiner Kreuzer entkam. Heute, an diesem 8. Dezember 1936, herrscht aber Feiertagsstimmung. Trotz des kalten, trockenen Winterwetters haben sich große Menschenmengen auf dem Gelände der Deutschen Werke versammelt. Zahlreiche Ehrengäste in Uniform oder Zivil sind erschienen, eine Ehrenkompanie und das Kieler Marinemusikkorps sind aufgestellt und empfangen die Spitzen der Wehrmacht und der Behörden mit militärischem Zeremoniell, bevor diese sich auf die Ehrentribüne unmittelbar vor dem Vorsteven des Neubaus begeben. Das enge Werftgelände erlaubt nur eine eingeschränkte Zuschauerzahl, viele Menschen haben sich aber auf der anderen Hafenseite am Uferkai versammelt, nahe der Universität, von wo sie einen guten Überblick über das Geschehen drüben haben.

Noch ist der künftige Name des Riesenschiffes, dessen Rumpf da etwas schräg auf der Helling ruht, verdeckt. Das Achterschiff liegt dicht am Wasser, der Bug erhöht, die Bugspitze fast über der Taufkanzel, auf der pünktlich um 11

Uhr eine feldgraue Gestalt erscheint, der Oberbefehlshaber des Heeres, Generaloberst Freiherr von Fritsch, den der Oberbefehlshaber der Kriegsmarine, Generaladmiral Dr. h. c. Erich Raeder, gebeten hat, die Taufrede zu halten.

Der General umreißt das Leben eines großen Soldaten, der, 1760 in der Nähe von Torgau geboren, als Kind mit den preußischen Soldaten auf dem Kriegsmarsch mitzog und bei ihnen lebte. Erst in seinen zwanziger Jahren wurde er selbst Soldat. Er trug keinen großen Namen. Später, als seine soldatischen Fähigkeiten hervortraten, wurde man auf ihn aufmerksam. In den Tagen von Jena und Auerstädt, als das preußische Heer vernichtend geschlagen wurde, gab es eine Festung, die ihn berühmt machte: die Hafenstadt Kolberg. Er hat sie, unterstützt durch die Bevölkerung, unter dem alten Nettelbeck tapfer und erfolgreich verteidigt. Er wurde enger Mitarbeiter von Scharnhorst, Blüchers Generalstabschef, den er in dieser Stellung ablöste, als jener 1813 nach dem Gefecht bei Groß-Görschen, schwer verwundet, starb. Nach einer Reihe weiterer ehrenvoller Verwendungen in den folgenden Friedensjahren wurde er 1831 Kommandeur des aus vier Armeekorps zusammengesetzten preußischen Verbandes, der den polnischen Aufstand niederschlagen sollte. Hier starb er im gleichen Jahr an der Cholera.

Der Generaloberst schließt seine Taufrede mit den Worten:

»Der erste im Angriff, der letzte, der von der Verfolgung abläßt — sei tapfer, treu und glücklich — und ehre damit den großen Soldaten, den Generalfeldmarschall Neithardt von Gneisenau, dessen Namen du tragen wirst!«

Die Witwe des Kapitäns zur See Maercker, der 1914, genau vor 22 Jahren als Kommandant mit seinem Schiff gleichen Namens bei den Falkland-Inseln unterging, tauft das Schiff auf den Namen *Gneisenau*, während die Sektflasche am Bug zerschellt, und wünscht ihm immer gute und glückliche Fahrt.

Nun kann der Neubau auf den Helligen langsam in sein Element hinabgleiten. Die für den Stapellauf verantwortliche Bauleitung hat sorgfältig vorbereitet, daß das Schiff auf seinen Stapeln so lange sicher und fest liegt, bis nach dem Taufzeremoniell der Befehl zum Ablauf gegeben wird. Ebenso muß sichergestellt sein, daß das Schiff dann auch ohne Verzögerung abläuft.

Die Deutschen Werke hatten hier Erfahrungen gesammelt, als im Mai 1931 das Panzerschiff *Deutschland* auf der gleichen Werft vom Stapel laufen sollte. Tatsächlich lief es ab, aber zu früh. Noch während der Taufrede des Reichskanzlers Brüning setzte es sich ganz langsam, dann immer schneller in Bewegung, noch ehe die Taufe vollzogen war. Der Reichspräsident konnte nur noch dem sich immer mehr entfernenden Schiff seine Wünsche für immer glückliche Fahrt hinterherrufen.

So gewarnt, sind alle Vorbereitungen besonders sorgfältig getroffen, und der Ablauf von der Helling geschieht programmäßig und ohne Schwierigkeiten. Aber dann: Trotz aller Sorgfalt, das Schiff rechtzeitig zum Stehen zu bringen, läuft die *Gneisenau* durch unglückliche Umstände auf die Kaimauer am jenseitigen Ufer zu, drückt diese fast 4 m ein, bis das Schiff schließlich zum Stehen kommt. Glücklicherweise wird kein Zuschauer verletzt, und auch das stabile Heck erleidet keinen großen Schaden. Man sieht, ein Stapellauf birgt manche Gefahren in sich, und der Täufling meldet frühzeitig seinen Anspruch an, einst das schnellste der vier neuen Schlachtschiffe zu werden.

Wenden wir uns nun dem Schicksal der früheren Namensträger zu. Die erste *Gneisenau* gehörte zu einer Gruppe sogenannter »Gedeckter Korvetten«, die in den Jahren 1874 bis 1878 als Quer- und Längsspant-Eisenbauten zu einer Zeit entstanden, da sich der Eisenschiffbau in Deutschland gerade erst durchzusetzen begann. Sie hatten mit drei vollgetakelten Masten mit 2210 m² Tuch eine stattliche Besegelung, dazu als Maschinenanlage eine liegende 3-Zyl.-Einfachexpansionsmaschine, mit der diese Schiffe 13,7 kn laufen konnten. Bei 82,00/76,18 m Länge, einer Breite von 13,7 m und einem Tiefgang von 5,20/6,30 m hatten die vier der von den sechs Einheiten dieser Klasse in Stettin und in

Danzig erbauten *Stosch, Moltke, Stein* und *Gneisenau* eine Wasserverdrängung von 2994/2843 t. Die Erstbewaffnung der Schiffe bestand aus 16 : 15-cm-Ringkanonen L_{22}, später wurden die Schiffe umarmiert, so erhielt die *Gneisenau* 14 Rk : 15 $L_{22,2}$ Sk : 8,8 L_{30} und 6 Rev.-Kanonen. Das auf der Kaiserlichen Werft in Danzig gebaute Schiff wurde später zur vollständigen Ausrüstung nach Kiel überführt und ging nach seiner Indienststellung am 3. Oktober 1880 im Jahre 1882 mit einer Besatzung von 18 Offizieren und 386 Unteroffizieren und Mannschaften erstmals auf große Fahrt. Das Schiff wurde bis 1889 im Auslandsdienst verwandt, teils allein, meistens aber im Verband mit anderen Schiffen.

Diese Auslandsverwendungen fielen in eine Zeit, in der (nunmehr auch) Deutschland an afrikanischen Küsten oder auch im Stillen Ozean Kolonien erwarb, wobei es häufig notwendig war, Kriegsschiffe gegen Aufständische oder allgemein zur Beruhigung der neugewonnenen Gebiete einzusetzen. 1890 wurde die *Gneisenau* geringfügig umgebaut und diente künftig als Schulschiff für Kadetten und Schiffsjungen. Sie machte ausgedehnte Reisen, um den Offizier- und Unteroffiziernachwuchs mit der Weite der Meere und mit dem Schiffs- und Waffendienst unter erschwerten Bedingungen vertraut zu machen. Am 18. April 1900 verließ das Schiff Kiel erneut zu einer Auslandsreise, niemand ahnte, daß sie damit zur letzten, großen Reise in See gegangen war. Es besuchte verschiedene Häfen in Spanien, Portugal und Marokko, landete dort eine Sondergesandtschaft des deutschen Kaisers an den Sultan von Marokko und ging später außerhalb von Malaga vor Anker.

Am Sonntag, dem 16. Dezember 1900, als die Besatzung zur Kommandantenmusterung an Oberdeck angetreten war, kam urplötzlich ein schnell an Stärke zunehmender Sturm auf. Der Kommandant befahl sofort, die noch nicht in Betrieb befindlichen Kessel anzuzünden, um, sobald genügend Dampf vorhanden war, die Ankerketten zu schlippen und in See zu gehen. Das Schiff begann jedoch bald zu treiben, der Dampf reichte noch nicht, um mit der

Maschine den Sturm und die in Richtung Küste rollenden schweren Seen auszumanövrieren. Die Besatzung mußte ohnmächtig zusehen, wie ihr schönes Schiff immer mehr auf die Außenmole zutrieb und schließlich auf ihre Steine aufschlug. Der Kommandant hatte schon vorher »Alle Mann aus dem Schiff« befohlen, und mit Hilfe von schweren Leinen, die von Land herübergegeben wurden, konnte sich der größte Teil der Besatzung auf die Mole retten. Von den 469 Mann fanden 41 den Tod, darunter Kommandant, I. Offizier und Leitender Ingenieur. Einige Jahre später wurde auf einem Friedhof ein Denkmal zur Erinnerung an die hier beigesetzten Toten der *Gneisenau* errichtet.

Der Name dieses Schiffes und des berühmten preußischen Generalfeldmarschalls blieb aber weiter in der Marine lebendig. Am 14. Juni 1906 lief auf der Weserwerft in Bremen der Große Kreuzer *Gneisenau* vom Stapel, fast um das Vierfache so groß wie sein Namensvorgänger. Die *Gneisenau* und ihr Schwesterschiff, die *Scharnhorst*, hatten 12 985/11 616 t Wasserverdrängung, sie waren 144,6/143,8 m lang, 21,6 m breit und hatten einen Tiefgang von 8,37/7,96 m. Sie waren an den wichtigsten Schiffsteilen gut gepanzert (Deck 060-035 mm; Böschungen 40-50; Kommandoturm vorn 030/200, achtern 020/50; CWL 0-80-150-80 mit 50 Teakholz, Kasematten 150, Zitadelle 150, 21er Türme 030/170; Schilde [040/150]; 15er Schilde [80], Korkdämme), und ihre Bewaffnung bestand aus $8:21$ cm L_{40}, $6:15$ cm L_{40}, $18:8,8$ cm L_{35} Geschützen, zeitweise 4 Mk und 4 Unterwassertorpedorohren 45 cm, und zwar 1 Bug-, 1 Heck- und 2 Seitenrohre. Die Torpedos waren zwar eine gute Gelegenheitswaffe; durch den großen Raum, der für diese Anlagen gebraucht wurde, stellten sie aber auch eine nicht unerhebliche Gefährdung des Schiffes bei Unterwassertreffern dar. 18 Marine-Kessel (mit 36 Feuerstellen) erzeugten genügend Dampf in $1 + 1 + 1 + 1^*$ Heizräumen,

---

* Diese Art der Aufzählung bedeutet, daß die vier Heizräume in der Längsrichtung hintereinander stehen.

mit dem die drei 3-Zyl.-Dreifachexpansionsmaschinen dem Schiff eine Höchstgeschwindigkeit von 23,6 kn gaben. Bei sparsamer Fahrt von 12 kn konnten die Schiffe bis zu 6600 sm ohne Kohlenergänzung zurücklegen.

Das Schicksal der zweiten *Gneisenau* kann nur kurz gestreift werden. Zwei Jahre nach den Probefahrten und der Indienststellung am 6. März 1908 wurden die *Gneisenau* und ihr Schwesterschiff in der Heimat im Verband der Aufklärungsschiffe verwandt. Sie traten im November 1910 die Ausreise nach Ostasien an, liefen noch in Malaga zu einer Gedenkstunde an den Gräbern der mit der ersten *Gneisenau* umgekommenen Kameraden ein und gingen dann durch den Suez-Kanal in ihr künftiges Wirkungsgebiet, den Pazifik, mit Tsingtau als Stützpunkt. Sie liefen verschiedene Häfen an, von Japan im Norden bis in den Südpazifik, machten offizielle Besuche oder suchten geeignete Ausbildungs- und Erholungsgebiete auf. Dazwischen war jährlicher Besatzungswechsel. Die Zeit verging schnell, bis im Juli 1914 wegen der drohenden Kriegsgefahr das Kreuzergeschwader in Tsingtau zusammengezogen wurde. Es lief nach Kriegsausbruch, bald vermehrt um die Kleinen Kreuzer *Leipzig*, *Nürnberg* und *Dresden*, über den Ozean an die chilenische Westküste, versenkte bei Coronel in kurzem Gefecht mit gleichstarkem Gegner zwei britische Kreuzer bei nur zwei Leichtverwundeten auf der *Gneisenau*. Dann folgte der Marsch durch die zwischen der Südspitze Südamerikas und Feuerland hindurchführende Magelhan-Straße mit ihren gefährlichen Passagen bis zu den Falkland-Inseln, wo am Vortage zwei britische Schlachtkreuzer mit hoher Fahrt aus europäischen Gewässern zur Jagd auf das deutsche Geschwader eingetroffen waren, das nach einem viele Stunden langen Gefecht vernichtet wurde bis auf den Kleinen Kreuzer *Dresden*, der entkommen konnte. Die *Gneisenau* kämpfte tapfer mit ihren 21-cm-Geschützen gegen die 30,5 cm der Gegner. Sie erhielt Treffer auf Treffer, aber auch die Gegnerschiffe wurden mehrfach empfindlich getroffen. *Scharnhorst* ging mit Graf Spee, seinen beiden Söhnen und der gesamten Besatzung unter. Von den 764 Mann der *Gnei-senau* wurden 187 gerettet, nachdem das bewegungslose Schiff von der eigenen Besatzung versenkt worden war. Hiermit endete der Lebenslauf eines Schiffes, das, bis zum letzten Augenblick tapfer kämpfend, seinem Namen alle Ehre machte.

Bevor wir uns dem Hauptthema zuwenden, soll noch das vierte Schiff erwähnt werden, das den Namen *Gneisenau* getragen hat: die Schulfregatte *Gneisenau*. Als ab 1956 die Marine der Bundeswehr aufgebaut wurde, fehlte es überall an Ausbildungsmöglichkeiten an Bord und an Land. Während die alten Marine- und Marinewaffenschulen wieder übernommen, in Stand gesetzt und mit Lehrmaterial versehen wurden, kaufte das deutsche Verteidigungsministerium in England sieben im Kriege gebaute und verwandte Fregatten, die eine Reihe von Jahren eine gute Verwendung als Schulfregatten fanden, bis sie Mitte der sechziger Jahre außer Dienst gestellt, zur Reserve überwiesen und schließlich ausgemustert wurden. Eine dieser Fregatten war die *Oakland* von der *Hunt*-Klasse, die am 18. Oktober 1958 in Bremerhaven als Schulfregatte *Gneisenau* in Dienst gestellt wurde. Bei einer Wasserverdrängung von 1050 t (vollbeladen 1490 t) lief sie 25 kn. Die Fregatte hatte 130 Mann Besatzung. Ihre Bewaffnung konnte den Bedürfnissen der Artillerie-Schule wechselnd angepaßt werden. Das Schiff leistete wertvolle Ausbildungsdienste, bis es 1964 außer Dienst gestellt wurde. Damit beendete die vierte *Gneisenau* ihren Einsatz in der deutschen Marine.

Die ersten Schlachtschiffe
in der Kriegsmarine

Als die *Gneisenau* am 21. Mai 1938 in Kiel unter dem Kommando des Kapitäns zur See Erich Förste in Dienst gestellt wurde, war dies ein Zeichen, daß offiziell und auf Grund von Verhandlungen der Versailler Friedensvertrag für die deutsche Marine keine Gültigkeit mehr hatte. Wie konnte es dazu kommen, und welche Änderungen ergaben sich?

Der Versailler Friedensvertrag ließ beim Einsatz der veralteten Linienschiffe Neubauten, und zwar nur solche bis zu 10 000 ts (Washington) sowie von Kreuzern bis zu 6000 ts zu. Schon vorher waren zwei Panzerschiffe (*Deutschland* und *Admiral Scheer*) in Bau gegeben. Das erste lief 1931, das zweite am 1. April 1933 und ein drittes schließlich am 30. Juni 1934 vom Stapel. Alle drei entsprachen aber nicht auf die Tonne genau der Größe und Bewaffnung der Bestimmungen von Versailles: Beide Schiffe mußten aber am Ende mit 11 700 ts bei maximal 15 900 ts vermessen werden. An Schwerer Artillerie führten sie 6 : 28-cm-Kanonen in je zwei Drillingstürmen. Die Geschwindigkeit lag bei max. 28,3 kn. Damit waren nur drei der sechs erlaubten Linienschiffe ersetzt, und die Überlegungen in der Marineleitung gingen dahin:

So gut gelungen die Panzerschiffe auch waren, die mit ihrem Kaliber jedem schnelleren Schiff — bis auf die drei britischen Schlachtkreuzer — überlegen und schneller waren als alle artilleristisch überlegenen Gegner, so sehr lagen aber ihre Schwächen in ihrem geringen Panzerschutz. Die Vorteile unserer Panzerschiffe, zu denen noch ihr großer Aktionsradius hinzutrat, zwangen aber mögliche Gegner, vor allem die französische Marine, dazu, schnellstens überlegene schnelle Schlachtschiffe in Auftrag zu geben, deren wichtigste Angaben bereits annähernd bekannt waren, nämlich 26 500 ts, 30 kn, 8 : 33-cm-Geschütze in Vierlingstürmen, starke Panzerung und großer Aktionsradius.

Am 16. März 1935 löste sich die Reichsregierung plötzlich, einseitig und ohne Vorankündigung von den militärischen Bestimmungen des Versailler Vertrages. Die Regierungen der ehemaligen Feindmächte protestierten zwar energisch, sie vermieden aber stärkere Schritte. Die britische Regierung fragte vielmehr in Berlin an, ob die Deutschen weiterhin bereit seien, frühere unverbindliche und ganz lose geführte Gespräche über eventuelle gegenseitige Marinerüstungsfragen fortzuführen. Hitler ließ zustimmen, und so wurde in den folgenden Monaten in London ernsthaft besprochen, wie Deutschlands Marine aus den harten Versailler Bedingungen entlassen, dafür aber ein zahlenmäßig vernünftiges Verhältnis zwischen den beiden Marinen hergestellt werden könne. Der deutsche Verhandlungsführer war Botschafter v. Ribbentrop, der Marineberater Konteradmiral Schuster. Hitler hatte als Marschrichtung mitgegeben, ein zahlenmäßiges Verhältnis von 100 : 35 bei den einzelnen Schiffstypen, Schlachtschiffe, Schwere Kreuzer, Leichte Kreuzer, Zerstörer, festzulegen und eine Höchstgrenze von 35 000 ts je Schiff nicht zu überschreiten.

Die beiden Verhandlungskommissionen einigen sich in einem Vierteljahr auf diese Grundsätze, so daß das deutschenglische Flottenabkommen am 18. Juni 1935 unterzeichnet werden kann. Damit ist Deutschland berechtigt, Schlachtschiffe zu bauen, die erheblich größer und besser armiert sind als die Panzerschiffe.

Admiral Raeder hat schon vor langer Zeit Überlegungen anstellen lassen, welches Kaliber und in welcher Aufstellung die Hauptbewaffnung am zweckmäßigsten für einen größeren Neubau gewählt werden solle. Zum Kaliber: Das 28-cm-Rohr hat sich bei den alten Linienschiffen und bis zur *Nassau*-Klasse bewährt, gleichaltrige ausländische Schiffe waren aber zu größerem Kaliber übergegangen. In der deutschen Marine erhöhte man es später, von der *Ostfriesland*-Klasse ab (Stapelläufe 1909/10) auf 30,5 cm und erst bei den beiden letzten noch im Krieg fertiggewordenen Schlachtschiffen auf 38 cm.

Der Oberbefehlshaber der Kriegsmarine (ObdM) beschäftigt sich in einem nur an die sechs wichtigsten Flaggoffiziere verteilten Schreiben eingehend mit der Frage, welches Kaliber bei den neuen Schlachtschiffen D und E gewählt werden solle. Erklärlicherweise ist es wünschenswert, bei dem neuen und so viel größeren Schlachtschiff-Typ auch ein gegenüber der Panzerschiffsbewaffnung erheblich größeres Geschütz als Hauptwaffe einzubauen, etwa das 38-cm-Geschütz der *Bayern* und *Baden*. Der große Nachteil ist aber, daß diese Kanone noch am Beginn ihrer Entwicklung steht, und daß die *Gneisenau* und *Scharnhorst* erst etwa anderthalb Jahre später in Dienst gestellt werden können, falls das 38-cm-Geschütz ausgewählt wird. Die 28-cm-Kanonen dagegen sind bereits vorhanden, und ihre Fertigstellung bestimmt nicht das Bautempo.

Der ObdM stellt in seinem o. a. Schreiben vom 16. August 1935 fest: »Die Aufstellung von vier Doppeltürmen schwersten Kalibers bleibt die erstrebenswerte Armierung.« Diese reine Mittschiffaufstellung des Hauptkalibers in Doppeltürmen wurde bei den letzten sechs Linienschiffen und den beiden neuesten Schlachtkreuzern der Kaiserlichen Marine gewählt, und sie wird auch später für die beiden neuesten Schlachtschiffe (F und G) vorgesehen. Der Doppelturm mit jeweils nur zwei Abschüssen und dementsprechend auch nur zwei Aufschlägen in Form von Wassersäulen, ist erfahrungsgemäß nicht ausreichend zur Beobachtung der Treffer- oder Einschlaglage am Ziel, wofür mindestens drei Einschläge wünschenswert sind.

Überlegungen über Erfahrungen mit den Türmen der Panzerschiffe sowie sonstige Gegebenheiten, wie Platz und Gewicht für die Panzerung und die Maschinenanlage und über den Zwang möglichst frühzeitiger Fertigstellung der beiden Schlachtschiffe, ergeben als Resultat den Bau von drei 28-cm-Drillingstürmen. Der ObdM entscheidet gleichzeitig, daß schiffbaulich die Möglichkeit vorgesehen wird, diese Türme später durch drei 38-cm-Doppeltürme des gleichen Typs zu ersetzen, wie er für die nächsten Schlachtschiffe vorgesehen ist. Die Dauer der Umarmierung wird — wenn alles vorbereitet ist — 12 bis 15 Monate betragen.

Das Schiff

Nachdem die Hauptelemente des Schiffes, nämlich Größe, Geschwindigkeit und Bewaffnung, festgelegt waren, konnten die Konstruktionsbüros die Einzelheiten bestimmen und als Unterlagen an die Bauwerft in Kiel geben. Hier wurde bei den Deutschen Werken im März 1935 der Kiel gelegt und das Schiff in 21 Monaten soweit fertiggestellt, daß es am 8. Dezember 1936 vom Stapel laufen konnte.

Bereits bei der Kiellegung wurde das erste Baubelehrungspersonal kommandiert, vor allem Pumpenmeister-, Zimmermeister- und Maschinenpersonal. Diese Fachkräfte konnten so den Bau und Werdegang des Schiffes vom frühesten Baubeginn an verfolgen, sich die für ihre späteren Aufgaben notwendigen Kenntnisse erwerben und auch die Grundlagen für die in Zusammenarbeit mit der Werft herzustellenden Unterrichts- und Arbeitsbücher und -hefte erarbeiten.

Je nach dem Fortgang kam weiteres Baubelehrungspersonal an Bord, die Elektriker, die Artilleriemechaniker und die Funker. Personal mancher Fachlaufbahnen wurde vorher noch für kürzere oder längere Zeit zu den Firmen kommandiert, um dort schon die Grundlagen, z. B. der Geschütze, Maschinen und Feuerleitanlagen kennenzulernen, die vielfach bereits bei den jeweiligen Unternehmen zusammengesetzt wurden. Es ist verständlich, daß es später für das in Dienst gestellte Schiff von hohem Wert war, eine größere Zahl derart ausgebildeter Fachleute an Bord zu haben, die der neu an Bord kommenden eigentlichen Besatzung gute Lehrmeister sein konnten.

Am 21. Mai 1938 ist es soweit, die *Gneisenau* — offiziell 26 000 ts, in Wirklichkeit aber 31 859 ts groß — wird in

Dienst gestellt. Sie, die als Ersatz *Hessen* gebaut wurde, wird nun ein richtiges Kriegsschiff mit allen sich daraus ergebenden Konsequenzen. Die 1700 Mann starke Besatzung tritt vormittags zunächst divisionsweise auf ihren Musterungsplätzen an, die an Oberdeck von vorn bis achtern verteilt sind. Der Kommandant schreitet die Front der Divisionen ab, begleitet von dem I. Offizier, der sein Vertreter und unter ihm der einzige Disziplinarvorgesetzte der ganzen Besatzung ist. Beide sehen so zum ersten Mal ihre Mannschaften »Auge in Auge«. Ein größerer Teil der Besatzung war bereits mit ihm zur See gefahren, als er Kommandant des Leichten Kreuzers *Karlsruhe* war, der jetzt außer Dienst gestellt wurde, um umgebaut zu werden. Diese Männer bilden nun den Kern auf der *GU*. Der I. O, Fregattenkapitän Schönermark, war bereits längere Zeit Chef des Baubelehrungspersonals der *Gneisenau*. Die Feier der Indienststellung ist eine Angelegenheit des Schiffes, ohne höhere Vorgesetzte und ohne großes Zeremoniell. Der Kommandant spricht zu seinen Männern, die jetzt geschlossen auf der Schanze angetreten sind. Er erinnert sie an die Taufe des Schiffes, an den berühmten Namensgeber und dessen militärische Vergangenheit und spricht von den Aufgaben und den Pflichten jedes einzelnen Besatzungsangehörigen. Er weist darauf hin, wieviel auf einem Schiff von der Tüchtigkeit und dem Einsatzwillen des einzelnen für das Schiff und dessen Sicherheit abhängen kann.

Der Kommandant beschließt seine Rede mit dem Befehl »Heiß Flagge und Wimpel!«. Am Heck steigt die Kriegsflagge hoch als Zeichen, daß das bis dahin »tote« Schiff, das bei vorhergegangenen Probefahrten nur die Reichsdienst- und die Werftflagge gesetzt hatte, nun ein Teil der bewaffneten Macht des Deutschen Reiches geworden ist, unabhängig davon, ob die Besatzung bereits ausgebildet und ob schon Munition an Bord ist. Und der am Mast an seiner höchsten Spitze jetzt lang auswehende weiße Kommandowimpel, an den Enden geteilt und am Beginn mit einem Eisernen Kreuz geschmückt, ist das Zeichen dafür, daß ein Seeoffizier das Kommando über Schiff und Besatzung hat, dem damit besóndere Pflichten und Rechte übertragen sind.

Der Bau dieses neuen Schiffes der deutschen Marine wird in der Öffentlichkeit wie auch in Fachkreisen des In- und Auslandes mit großem Interesse verfolgt. Zwar ist das Schwesterschiff *Scharnhorst* schon zwei Monate vorher getauft worden und vom Stapel gelaufen, es wird aber erst 1939 in Dienst gestellt werden.

1938 ist ein Jahr voller politischer Spannungen in der ganzen Welt, und besonders die größeren Nationen bemühen sich, militärisch für etwa bald eintretende kriegerische Auseinandersetzungen gerüstet zu sein. Das ist der Grund für Entwurf und Bau neuer Kriegsschiffe, die häufig wenig Ähnlichkeit mit ihren Vorgängern haben. Wenn Großbritannien z. B. im Ersten Weltkrieg zehn Schlachtschiffe in Dienst stellte, die als SA alle 8 : 38,1-cm-Kanonen in Doppeltürmen trugen, je zwei vorn und achtern, so baute es zehn Jahre später die beiden Schlachtschiffe *Rodney* und *Nelson* mit 9 : 40,6-cm-Geschützen in Drillingtürmen, nur im Vorschiff, vor den Brückenaufbauten. 1940 und 1941 stellte es die fünf Schlachtschiffe der *Duke of York*-Klasse in Dienst mit 10 : 35,6-cm-Geschützen, aufgeteilt in je einen Vierlingturm auf Vor- und Achterschiff und dazu einen Doppelturm zwischen vorderem Vierling und Brückenaufbau. Diesen fünf folgte schließlich, erst nach dem Kriege fertig geworden, die *Vanguard*, bei der man zur »klassischen« Aufstellung zurückkehrte: 4 : 38,1-cm-Doppeltürme, je zwei überhöht vorn und achtern.

Die Drillingstürme bei den deutschen Schiffen ergaben sich zwangsläufig, auch nach ausländischer Auffassung, aus dem schnellen Übergang vom Versailler Vertrag zum Londoner Flottenvertrag, der langes Experimentieren nicht zuließ. Aber manche technische Angaben sind doch von Interesse.

Ursprünglich 229,80 m über alles lang, erhöht sich die Länge des Schiffes auf 234,90 m über alles nach dem

Steven-Umbau. Bei einer größten Breite von 30,0 m ist der maximale Tiefgang bei vollbeladenem Schiff 9,91 m (sonst 8,23 m). Da es bei vollen Brennstoffzellen die Neigung hat, reichlich tief einzutauchen, nimmt das Schiff bei Seegang viel Wasser über. Das bringt teilweise schwere Nachteile für die vorderen Schiffsteile und vor allem für den Turm Anton. Diese Erfahrungen bei den Atlantikerprobungen des Schiffes 1939 haben dazu geführt, daß es nun einen neuen, überhängenden Vorsteven, den sogenannten »Atlantiksteven«, bekommen hat, daß die Anker auf dem Oberdeck in besonderen Halterungen gelagert und die Ankerklüsen entfernt worden sind. Durch diese Umbauten und Veränderungen hat das Vorschiff größeren Auftrieb, und es bildet sich weniger Spritzwasser.

Das Schiff (das technisch als geschweißter Längsspant-Bänder-Stahlbau bezeichnet wird und zudem einen Doppelboden hat) ist mit seinen Hunderten von Räumen, Zellen und Lasten waagerecht und senkrecht in Decks und Abteilungen unterteilt. Über dem Panzerdeck liegen das Ober-, das Batterie- und das Zwischendeck, unter dem Panzer das Obere, das Mittlere und Untere Plattformdeck. Zur Versteifung der Längsverbände und als Träger für die Schottenwände liegen in etwa 1 m Abstand von einer zur anderen Seite durchgehend Spanten, von achtern nach vorn numeriert. XXI Abteilungen, auch vom Heck aus numeriert, dienen zur wasserdichten Unterteilung des Schiffes. Im Frieden werden die meisten Schotten immer benutzbar, das heißt im täglichen Betrieb auch offen sein, in See und vor allem im Gefecht sind sie fest verriegelt, um plötzliches Übergreifen von Feuer, Wasser, gefährlichen Gasen usw. unmöglich zu machen. Posten sorgen dafür, daß die Schottentüren im Notfall geöffnet werden können.

Das Schiff hat drei von den Turbinen angetriebene Schrauben von einem Durchmesser von 4,45 m und hinter diesen zwei große, nebeneinander liegende und nur gemeinsam bewegte und bediente Ruder. An beiden Seiten unter dem Schiffsboden angebrachte Schlingerkiele mindern die

Schlingerbewegungen des Schiffes, das im übrigen keine Schlingerdämpfungsanlage hat.

Die Unteroffiziere und Mannschaften sind in den verschiedenen Decks und die Offiziere und Portepeeunteroffiziere in Kammern untergebracht. Die Zugehörigkeit zu den Wohndecks richtet sich nach der Zugehörigkeit zu den Gefechts- und Arbeitsstationen, die wie folgt eingeteilt sind:

1. und 2.   Division: seemännisches Personal, Schwere Artillerie;
3. und 4.   Division: seemännisches Personal, Mittelartillerie;
5. und 6.   Division: seemännisches Personal, Flakartillerie aller Kaliber;
7.—9.   Division: technisches Personal, Turbinen, Kessel und Hilfsmaschinen;
10.   Division: Elektrische Anlagen, außer denen der Waffen;
11.   Division: Funk-, Signal-, Radar-, Horch- und Fernschreibpersonal;
12.   Division: Funktionäre, Verwaltung, Materialienverwalter, Küche;
13.   Division: Artilleriemechaniker und Feuerwerker.

Jede Division hat einen Divisionsoffizier, dessen Funktionen denen des Kompaniechefs an Land in manchem ähneln, nur ist er nicht Disziplinarvorgesetzter. Zu seiner Unterstützung hat er Zugoffiziere und einen Divisionsfeldwebel. Alle genannten Vorgesetzten sind nach Möglichkeit an den gleichen Waffen wie ihre Unteroffiziere und Mannschaften.

Die Artillerie

Die Schwere Artillerie (SA)

Es wurde bereits begründet, warum die *Gneisenau* mit 28-cm-Geschützen in Drillingstürmen ausgerüstet worden ist. Dieses Kaliber wurde schon am Anfang dieses Jahrhunderts auf den deutschen Linienschiffen verwandt und hat sich noch lange bewährt. Die Reichweite des Geschützes wurde aber im Laufe der Jahre durch zwei Maßnahmen erhöht: Man baute längere Rohre, von 11,20 m auf der *Braunschweig*-Klasse verlängert auf 15,26 m auf der *Gneisenau*, und vergrößerte die Rohrerhöhung von 18° bei den alten Linienschiffen auf 40° auf diesem Schiff. Durch beide Maßnahmen wurde eine Vergrößerung der Reichweite des an sich gleichen Kalibers von 189 hm auf 405 hm erreicht. Man nahm dabei allerdings in Kauf, daß der Geschützturm und die ihn umgebende feste Barbette höher und damit auch schwerer wurde, weil das Geschütz nicht unerheblich mehr Platz als früher brauchte, um von der Ladestellung von 2° auf die größte Erhöhung von maximal 40° erhöht werden zu können. Diese Reichweite ist ein bemerkenswerter Fortschritt gegenüber den 28-cm-Geschützen, wie sie auf deutschen Schiffen im Ersten Weltkrieg verwandt wurden, wie folgende Beispiele zeigen:

So gut sich die deutsche Schiffsartillerie, auch bei geringerem Kaliber, im Ersten Weltkrieg bewährt hatte, so nachteilig machte sich die geringere Höchstschußweite infolge geringerer Lafettenerhöhung bemerkbar. Hierüber berichtet das offizielle Admiralstabswerk »Der Krieg zur See 1914 bis 1918, Der Krieg in der Nordsee«, Band 3, S. 281 u. a. über den 24. 1. 1915:

»*Um 10 Uhr eröffnete das 1. englische, aus fünf Schiffen bestehende Panzerkreuzergeschwader das Feuer auf die deutschen Schiffe auf sehr weite Entfernungen. Eigenes Feuer konnte wegen Lafettenbegrenzung erst nach dem des Gegners um 10.20 Uhr eröffnet werden.*« (Eintragung von S. M. S. *Moltke*)

Und der Schlachtkreuzer *Seydlitz* berichtet zur gleichen Zeit: »*Seydlitz* erhielt aus über 200 hm Feuer, das erst auf 180 hm erwidert werden konnte, weil die Lafetten eine größere Erhöhung nicht zulassen.«

Die drei 28-cm-Türme sind in sich gleich, nur Turm Bruno ist einige Meter höher, denn er muß bei vorlichen Schußrichtungen über den Turm Anton hinwegschießen. Dieser Turm hatte häufig längere Störungen, weil durch Feuchtigkeit, gelegentlich sogar durch Wassereinbruch in den elektrischen Anlagen Kurzschluß entstand, und die Turmbedienung hatte in Zusammenarbeit mit den tüchtigen Turmmechanikern hart arbeiten müssen, um die Gefechtsstation wieder einsatzklar zu machen.

Die Turmbedienung besteht aus 75 Mann einschließlich der Munitionsmänner. Der Turmkommandeur hat die Oberaufsicht über die Ausbildung und die Gefechtsbereitschaft. Er ist vielfach der zuständige Divisionsoffizier und ist auch in der Lage, bei Ausfall der elektrischen Anlagen mit dem Turm das Schießen selbständig durchzuführen. Der Turmführer, langjährig erfahrener Oberstückmeister, hat die eigentliche Ausbildung in der Hand und ist verantwortlich für Bereitschaft und Beseitigung von Störungen und Ausfällen. Ausrüstung und Zubehörteile des Turmes sind u. a.

— Das 10,5 m lange Entfernungsmeßgerät (E-Meßgerät) auf der Turmdecke, gegen Splitter und äußere Einflüsse geschützt, in einer Art Kasten liegend. Die E-Messer sitzen innerhalb des Turmes am Okular, das vom Gerät nach innen in den Turm hineingeführt ist. Die beiden Objektive sind durch große Klappen gesichert, die in

Ruhestellung und bei schlechter Wetterlage geschlossen sind.

Das Gerät auf der Turmdecke vom Turm Anton wird später entfernt, da es Wind und Wetter zu sehr ausgesetzt ist.

— Je ein Peilrohr, das rechts und links vorn aus der Turmdecke herausragt. Je eins ist für den Turmkommandeur und den Turmführer bestimmt, die sich hierdurch einen Überblick über das Geschehen außerhalb des Turmes verschaffen können. Der Turmkommandeur kann im Notfall von hier aus das Feuer seines Turmes ohne Feuerleitgerät leiten. Bei Nichtbenutzung sind die Optiken durch eine Lederhaube abgedeckt.

— Öffnungen an der hinteren, unteren Flurseite des Turmes zum Hinauswerfen leerer Hülsen und gleichzeitig Einsteigeluk für die Bedienung. Bei schwerer See kann auch von hier aus Wasser in den Turm eindringen.

— In die vordere Turmwand sind große, längliche Öffnungen hineingeschnitten, durch die die Geschützrohre sich aufwärts und herunter bewegen können. Trotz aller Versuche, diese Öffnungen wasserdicht zu konstruieren, sind die hier liegenden empfindlichsten Stellen der Türme, besonders des Turmes Anton, durch Feuchtigkeit gefährdet. Bei schlechtem Wetter hilft gelegentlich, soweit keine Gegnerberührung erwartet wird, das Drehen der Türme in eine Richtung, so daß sich die Gewalt der anrennenden Seen gegen die Seitenwände richtet.

Die Geschütze können gemeinsam (gekoppelt) oder einzeln der Höhe nach gerichtet werden.

Die Mittelartillerie (MA)

Die Mittelartillerie hat vier Doppeltürme und vier Einzelgeschütze von 15-cm-Kaliber. Die Doppeltürme sind im Prinzip wie die Schweren Türme mit ähnlichen mechani-

29

schen und elektrischen Anlagen eingerichtet. Sie haben keine eigenen E-Meßgeräte. Ihren Rechengeräten werden von Fall zu Fall, je nach Lage, Entfernungsmeßgeräte zugeteilt. Diese Türme bewähren sich gut. Aus Platzmangel ließ sich kein dritter 15-cm-Turm auf jeder Seite einbauen, daher stehen zwischen dem vorderen und dem hinteren Turm auf jeder Schiffsseite 2 : 15-cm-Einzelgeschütze, die Seegang und Wetter ausgesetzt sind und daher auch ohne Feindberührung bei schwerem Wetter oft ausfallen.

Die 15-cm-Geschütze in den Türmen haben eine Höchstschußweite von 220 hm, die Einzelgeschütze schießen bis 210 hm weit.

Die Flugzeugabwehrkanonen (Flak)

Die Flak der Schiffe hat durch die immer größer werdende Reichweite der Flugzeuge vom Flugzeugträger oder von Landbasen aus eine ständig wachsende Bedeutung gewonnen. Sie nimmt daher auch auf der *Gneisenau* an Zahl der Geschütze, des Bedienungspersonals, der Feuerleitanlagen sowie der Munition einen erheblichen Teil an der Bewaffnung des Schiffes ein. Die schiffbauliche Planung der oberen Decks und der Aufbauten müssen Aufstellung, Bestreichungswinkel sowie Munitionsführung besonders berücksichtigen.

Die Flak hat folgende Waffen:

14 : 10,5 cm in Doppellafetten;
16 : 3,7 cm in Doppellafetten;
12 : 2,0 cm in Vierlingslafetten sowie
zusätzliche 2 cm in Landlafetten bei besonderen Gelegenheiten.

Die Feuerleitung der Schweren Flak erfolgt von vier Flak-Leitständen aus, zum Unterscheiden nach den Farben grün, rot, gelb und weiß genannt, die jeweils mit einem Flak-Leiter (Offizier oder Portepeeunteroffizier), E-Meß- und Richtpersonal besetzt sind. Die Stände sind kugelrund, sind

in Ruhestellung festgezurrt, sie werden aber im Schießbetrieb oder bei Übungen ebenso wie die Flak-Geschütze bei
bewegtem Schiff durch ihre kardanische Aufhängung stets
horizontal gehalten. Fällt der Strom aus, oder wird dieser
Teil der Feuerleitung gestört, dann zeigt ein laut hörbarer
Knall an, daß der betreffende Stand »umgefallen« ist; er
muß dann von Hand wieder aufgerichtet werden. Die
Gesamtleitung der Flak liegt beim Flak AO; während der
ganzen Indiensthaltung des Schiffes war dies Korvettenkapitän Heinrich Spörel, der seinen Gefechtsstand auf dem
Vormars hatte.

Die E-Meßgeräte

Vier Entfernungsmeßgeräte (E-Meßgeräte) sind mit dem Bedienungspersonal unter Splitterschutz oder leichter Panzerung wie folgt verteilt:

— Je ein 10,5 m langes Gerät auf den Türmen Bruno und
  Cäsar. (Ein drittes auf Turm Anton wurde ausgebaut,
  da es zu sehr der Witterung ausgesetzt war.)
— Ein 10,5-m-Gerät auf dem vorderen Artillerieleitstand und
— ein 6-m-Gerät auf dem achteren Leitstand.

Die Messungen gehen automatisch in die Rechenstellen
unter dem Panzerdeck, wo sie in die Feuerleitgeräte einflie
ßen und je nach Gefechtslage den Schußunterlagen für die
SA oder die MA zugeordnet werden können.

Die Rechenstellen

Die vordere und achtere Rechenstelle sind das Gehirn der
Seezielartillerie. Hier regieren der BÜ-(Befehlsübermittlungs-)Offizier und der Ober-BÜ-Meister mit ihrem Personal an vielerlei elektrischen Rechen-, Anzeige- und Übermittlungsgeräten. Von hier ist ständige Telefonverbindung

mit den Waffenleitern und den Waffen, von hier aus werden die Seezielgeschütze abgefeuert.

Munition

An Bord befinden sich in hierfür eingerichteten, geschützten Munitionskammern:

28-cm-Munition:
— 450 Panzersprenggranaten (Ps. Gr.);
— 450 Sprenggranaten mit Bodenzünder (Sprgr.Bdz.) und
— 450 Sprenggranaten mit Kopfzünder (Sprgr.Kz); ferner
— 1 350 Hülsen- und
— 1 350 Vorkartuschen. Das sind 150 Chargierungen je Rohr.

15-cm-Munition:
— 800 Sprenggranaten mit Kopfzünder und
— 800 Sprenggranaten mit Bodenzünder sowie
— 1 600 Hülsenkartuschen und
— 240 Leuchtgranaten mit 240 Kartuschen.

10,5-cm-Munition:
— 6 020 Sprenggranatpatronen sowie
— 420 Leuchtgranatpatronen.

3,7-cm-Munition:
— 32 000 Sprenggranatpatronen.

2-cm-Munition:
— 20 000 Leuchtspur-Sprenggranatpatronen.

Oben: Gedeckte Korvette (Kreuzer-Korvette) *Gneisenau*. Rechts: Generalfeldmarschall Graf Neidhardt von Gneisenau.

Großer Kreuzer *Gneisenau*.

Ein Teil der Ge-
schützlafette wird
beim Bau des
Schlachtschiffes
Gneisenau in die
Barbette eingelegt.
Man sieht unten
deutlich den fest-
stehenden Radkranz.

Schulfregatte
Gneisenau der Marine
der Bundeswehr.

Schlachtschiff *Gneisenau*, eben getauft und klar zum Stapellauf. Neben ihr der Schwere Kreuzer *Blücher*, der ein halbes Jahr später vom Stapel läuft.

Die *Gneisenau* läuft nach dem Stapellauf mit dem Heck auf dem jenseitigen Ufer auf.

In See: Schlachtschiff *Gneisenau* als Flottenflaggschiff im Sommer 1939.

Links: An Bord der *Gneisenau*: der ungarische Reichsverweser Admiral
Nikolaus Horthy von Nagybánya anläßlich des Stapellaufs des Schweren
Kreuzers *Prinz Eugen* am 22. 8. 1938 in Kiel. Hinter ihm (grüßend) der
Kommandant Kapitän zS Förste, dahinter (von links) Admiral Carls und
Generaladmiral Raeder. Rechts: Als Zeichen, daß an Bord Gottesdienst
abgehalten wird, weht der Kirchenwimpel über der Kriegsflagge.

Links: Der I. Offizier: Fregattenkapitän Schönermark. Rechts: Drei Vor-
gesetzte an Bord: von links: Vizeadmiral Marschall (BdP, mit Bordmütze),
Generaladmiral Raeder (ObdM), Admiral Boehm (Flottenchef) und der
Kommandant Kapitän sZ Förste.
Unten: Klar zum Einsetzen: Das Bordflugzeug auf dem Landesegel.

Die Maschinenanlage

Die Motorenanlage als Schiffsantrieb hat sich bei den drei Panzerschiffen so bewährt, vor allem in ihrer schnellen Betriebsbereitschaft und dem großen Aktionsradius, den sie den Schiffen verleihen, daß es nur natürlich ist zu hoffen, daß die beiden neuen Schlachtschiffe ebenfalls durch Motoren angetrieben werden. Eingehende Vergleiche und Untersuchungen ergeben aber, daß der augenblickliche Stand der Motorenentwicklung den Bau und Einbau derart großer Motoren, wie sie für eine Geschwindigkeit auf sehr viel größeren Schiffen von über 30 kn notwendig sind, noch nicht möglich macht. Die geforderte Antriebsleistung der beiden geplanten Neubauten D und E wird infolge ihres wesentlich größeren Deplacements und der um 5 bis 6 kn höheren Geschwindigkeit erst mit Motoren nach eingehender Weiterentwicklung und in noch unbestimmter Zeit zur Verfügung stehen können.

Die beiden Schlachtschiffe müssen also mit Turbinen ausgerüstet werden, und zwar mit einem neuen Dampferzeuger, der erst seit kurzer Zeit in der deutschen Marine Anwendung gefunden hat: mit Hochdruck-Heißdampfantrieb. Er ist inzwischen auf den zehn Flottenbegleitern (schnellen Minensuchbooten eines völlig neuen Typs) und auf dem Aviso *Grille* eingeführt und erprobt worden. Es gab zunächst erhebliche Schwierigkeiten, lagen doch diese Boote anfangs mehr im Hafen, als daß sie zur See fahren konnten. Allmählich wurden (und werden) die üblichen Kinderkrankheiten überwunden. Auf der Germania-Werft, welche die Kesselanlage der *Gneisenau* baut, beginnt man, die Einzelheiten dieses Kesseltyps zu beherrschen, und das OKM entschließt sich, diese Anlage bei der *Gneisenau* einzubauen.

Dazu einige Einzelheiten:

I. *Die Hauptmaschinenanlage*
12 Dampfkessel mit 58 atü, Heizfläche je Kessel 425 m^2, erzeugte Dampfmenge je Kessel 55,7 t/h (42 bis max. 54,5 t/h),
3 Kesselräume mit je 4 Kesseln (in $1+1+1+1$ Heizräumen)
1 Hilfskessel zusätzlich für Hafenbetrieb mit 10 t/h,
3 Turbinensätze mit je 53 350 PS = 160 050 PS, untergebracht in drei Maschinenräumen, 3 Germania-Getriebe-Turbinen, dreigehäusig in drei Maschinenräumen (Primär-Umdrehungen in Vollast 6700 min^{-1} Hochdruck, 3200 min^{-1} Mitteldruck, 2700 min^{-1} Niederdruckstufe. Die Druckstufen sind um das Getriebe gruppiert.)
Die Rückwärtsleistung liegt bei nur 13 000 PSW,
4 Frischwassererzeuger-Anlagen zur Erzeugung von Kesselspeisewasser aus Seewasser, von denen die vierte auch zur Herstellung von Wasch- und Trinkwasser dient.

II. *Die E-Anlage*
Erzeugung der gesamten elektrischen Leistung von
6 Getriebe-Turbogeneratoren von je 460 kW,
2 Getriebe-Turbogeneratoren von je 230 kW, davon einer mit angehängtem 200 kVA-Wechselstromgenerator (insg. 4120 kW bei 220 Volt),
2 Dieselgeneratoren von je 300 kW,
2 Dieselgeneratoren von je 150 kW.
Diese 12 E-Maschinen sind in 5 Räumen untergebracht.

III. *Die Hilfsmaschinen*
1. 2 getrennte Kühlanlagen zum Kühlen der Munitionskammern, der Kühlräume, zur Eiserzeugung für sanitäre Anlagen und für Schiffszwecke, elektrischer Antrieb der entsprechenden Hilfsmaschinen;

2. 2 Ruderanlagen von je 89 kW sowie 2 Bug- und Heck-spills;
3. Druckluftanlage;
4. Wasch- und Trinkwassereinrichtung, dazu 2 elektrische Pumpen, eine Warmwaschwasseranlage;
5. Seewassereinrichtungen mit 4 Pumpen, die, elektrisch betrieben, eine Leistung von 60 m^3/h haben;
6. Feuerlöscheinrichtungen: 4 Feuerlöschpumpen mit je 60 m^3/h; im Bedarfsfall können auch die 4 Seewasser-pumpen in die Feuerlöschleitung drücken. Außerdem ist vorhanden eine Gas-, Schaum- und Dampffeuerlösch-anlage zur Bekämpfung von Bränden in Kessel- und Turbinenräumen und in den E-Anlagen;
7. Lenzeinrichtungen: Vorhanden sind 13 elektrisch ange-triebene Leckpumpen mit Leistungen von 900 m^3/h je Pumpe. Elf dieser Pumpen dienen außerdem zur künst-lichen Flutung der Munitionskammern;
8. zum Lenzen kleiner Wassermengen sind 3 elektrisch angetriebene Lenzpumpen mit einer Leistung von je 60 m^3/h eingebaut.

Es können übernommen und untergebracht werden:
5360 m^3 Heizöl,
 174 m^3 Treiböl,
 563 m^3 Speisewasser,
 354 m^3 Waschwasser,
 149 m^3 Trinkwasser.

Die Erfahrungen haben gezeigt, daß bei Ausnutzung aller »Ecken« und sonstigen Möglichkeiten bis zu 6000 m^3 Öl übernommen werden können. Da das Schiff bei vollen Bunkern »auf der Nase liegt« und bei Seegang unangenehm viel Wasser übernimmt, und da durch eindringendes Wasser in dem vorn gelegenen Schiffsteil, vor allem im Turm A, leicht Kurzschluß entsteht, ist es wichtig, zunächst die vor-deren Bunker zu benutzen.

Bei zwei Gelegenheiten muß das Schiff Öl abgeben, um

wegen der Wassertiefen den Tiefgang des Schiffes möglichst niedrig zu halten: vor Passieren des Kaiser-Wilhelm-Kanals (Heute: Nord-Ostsee-Kanal) und vor dem Einlaufen durch die 3. Einfahrt in den Wilhelmshavener Innenhafen, dazu selbstverständlich auch beim Eindocken in Trocken- oder Schwimmdocks.

Die Marine war schon mehrere Jahre vor dem Kriege dazu übergegangen, die Versorgung der Schiffe mit Brennstoff in See zu üben und zur Selbstverständlichkeit zu machen. Diese Brennstoffergänzung in See wurde für die draußen operierenden Schiffe eine Notwendigkeit, ohne die längere Operationen nicht durchgeführt werden konnten. Die Marine baute, kaufte oder charterte daher Versorgungsschiffe, kurz Versorger genannt, die nach Bauart, Größe und Geschwindigkeit für verschiedene Aufgaben vorgesehen wurden. Während auf früheren längeren Ausbildungsreisen die Ölübernahme in den verschiedenen Häfen am Pier aus längsseits liegendem Tanker oder durch Ölleitungen aus Öltanks in Hafennähe erfolgte, wie z. B. auf der langen Reise der *Karlsruhe* 1930, hatte die *Emden* 1937/38 bereits einen eigenen gecharterten Tanker, *Julius Schindler*, bei sich, aus dem nicht nur Brennstoff ergänzt wurde, sondern der auch Proviant und sonstiges Material mit sich führte. Er diente außerdem als Zielschiff für Übungen und als Scheibenschlepper für Schießübungen. Bei Einladungen sowie Ausflügen in den verschiedenen Häfen wurden die Männer des Begleitschiffes ebenso berücksichtigt wie die eigene Besatzung.

Ölübernahme war eine seemännische Übung auch zur Unterstützung des Maschinenpersonals, und häufig wurden gleichzeitig feste Artikel wie Materialien oder Verpflegung mit den Schiffsbooten von einem zum anderen Schiff transportiert.

Als ein besonders wichtiger Bestandteil des Maschinenpersonals muß noch die Pumpenmeistergruppe erwähnt werden. Bereits mit der Kiellegung der *Gneisenau* wurde der Stabsmaschinist Paul Schwarz als künftiger Oberpumpen-

meister mit drei Unteroffizieren und sechs Mann zur Baube-
lehrung auf die Deutschen Werke in Kiel kommandiert, um
sich und sein Pumpenmeisterpersonal frühzeitig mit allen
Teilen und Aufgaben dieses umfangreichen Gebiets vertraut
zu machen. In das Verantwortungsgebiet des Lecksiche-
rungsoffiziers und des Oberpumpenmeisters, die eng mit
dem Oberzimmermeister zusammenarbeiten und dem I.
Offizier unmittelbar unterstehen, seien nur einige Arbeits-
gebiete als Stichworte erwähnt: Schwimm, Trimm, Krän-
gung, Flut, Lenz, Feuer, Heizung, Sanitäranlagen usw. Das
Schiff hatte im Verlauf seiner Indiensthaltung noch genügend Gelegenheit, Können und Erfolge der Pumpenmeisterei
kennenzulernen.

Die Panzerung

Die *Gneisenau* ist ein mit Wh-, Ww- und Wc-Material* von Krupp außerordentlich gut gepanzertes Schiff. Der stärkste Panzer von 360 mm schützt die Stirnwand der drei schweren drehbaren Türme, während der feststehende Barbette-Panzer, 350 mm dick, die gleiche Dicke (350 mm) hat wie die senkrechte Wand des Vorderen Kommando- und Artillerieleitstandes. Der 320 mm starke Seitenpanzer geht an beiden Schiffsseiten als Schutz der Maschinenanlage und des Unterbaus der schweren Türme mit ihren Munitionskammern ober- und unterhalb der Wasserlinie vom Spant 32 bis 207 und ragt, deutlich sichtbar, nach außen über beide Schiffsseiten hinaus. Innerhalb der ganzen Länge des Seitenpanzers, einige m von ihm nach innen, liegt ein 45 mm starkes Torpedoschott, das, wie es der Name schon sagt, als weiterer Seitenschutz gegen Torpedos und gegen waagerecht den Seitenpanzer durchschlagende Panzersprenggranaten dient und wertvolle Schiffsteile zusätzlich schützt.

Der Schutz von Geschützen, Waffenleitanlagen und anderen wichtigen Schiffsteilen erstreckte sich naturgemäß auch auf eine große Zahl nur leicht gepanzerter Schiffsteile, von der Stirnwand der 15-cm-Türme mit 140 mm bis zu den Flakständen mit einem Schutz von nur 14 mm. Einen wie großen Anteil die Panzerung am Gesamtgewicht der Hauptteile des Schiffes ausmacht, ergibt die folgende Zusammenstellung, wobei die Zahlen das jeweilige Einzelgewicht in metrischen Tonnen angeben:

Schiffskörper . . . . 8 107 t
Panzerung (ohne Drehpanzer der Türme) . . . . 14 014 t

---

* Das heißt: Wotan *h*art, Wotan *w*eich, Wotan *c*emented.

Hauptmaschinen .... 2 500 t
Hilfsmaschinen .... 1 055 t
Artillerie einschließlich Drehpanzer und
    Munition .... 4 810 t
Flugzeuge und Schleuderanlage .... 50 t
Sperrwaffen .... 9 t
Ausrüstung ohne Wasser .... 859 t
Typdeplacement .... 31 404 t

Als Zuladung muß erwähnt werden:

Trink- und Waschwasser .... 271 t
Kesselspeisewasser .... 569 t
Frischwasserreserve .... 203 t
Heizöl .... 4 831 t
Treiböl, Schmieröl, Flugzeugtreibstoff zus. ...... 224 t
Brennstoffreserve .... 776 t
                                                    6 874 t
Höchstdeplacement .... 38 278 t
Konstruktionsdeplacement (etwa 30 %
    Zuladung) .... 33 352 t

Die Nachrichtenmittel

Zur Einleitung: Das, was heute mit Fernmeldewesen bezeichnet wird, hieß in der Wehrmacht Nachrichtenwesen. Ebenso hieß es Nachrichtenoffizier, -abteilung, -personal, -aufklärung usw. Zum Nachrichtenbereich gehörten an Bord Funkgeräte, Fernschreib-, Signal-, Unterwasserhorch- und Funkmeßgeräte und Personal. Heute ist das Nachrichtenwesen ein Begriff aus der Funk- und Feindaufklärung sowie der Spionageabwehr. Der alte Ausdruck wird in diesem Buch trotzdem verwendet, weil er während der Indiensthaltung der *Gneisenau* allgemeine Gültigkeit hatte.

Gesamtverantwortlich für den Nachrichtenbetrieb und für das Nachrichtenpersonal ist der BNO, der Bordnachrichtenoffizier, früher FTO (Funkentelegraphieoffizier) genannt. Die etwa 60 bis 70 Mann Nachrichtenpersonal sind zusammengefaßt in der XI. Division, sie haben ganz verschiedene Aufgaben, und es gibt wenig Männer an Bord der *GU*, von deren genauer und schneller Arbeit so viel abhängen kann. Denken wir zunächst an das Funkpersonal in Stärke von einem Oberfunkmeister als Abschnittsleiter, einem Funkmeister mit der Verantwortung für die Funkmeßgeräte und deren Betrieb, sechs Funkmaaten für den Funkbetrieb und die technische Instandhaltung der Geräte sowie 20 bis 30 Funkgasten für die Pflege der Betriebsbereitschaft und die Wellenbesetzung im Vier-Stunden-Wachtörn. Dazu ein Fernschreibmaat, der in See zusammen mit hierfür gut ausgebildeten Männern der Flottenkapelle im Schlüsseldienst verwandt wird. Das Funken in See wird ängstlich vermieden, bis auf Notfälle, da selbst Kurzsignale, aus einem oder zwei Buchstaben bestehend, eingepeilt werden und unseren Standort verraten könnten. Jeder Funkspruch, der an Bord durch komplizierte Apparate, den

Schlüssel »M«, verschlüsselt wird und dadurch nach menschlichem Ermessen vom Gegner nicht entziffert werden kann, könnte durch feindliche Funkpeilstationen eingepeilt werden und dadurch unseren Standort verraten.

Der Hauptempfangsraum liegt unter dem Panzerdeck. Hier sind u. a. sechs Kurz- bzw. Langwellenempfangsplätze untergebracht, dazu eine Rohrpostanlage zur Verbindung mit allen Befehlsstellen, eine Bordrundfunkanlage für Musik, Ansprachen und Mitteilungen; für Bordkonzerte sind rund 150 Schallplatten vorhanden. Im anschließenden Schlüsselraum befindet sich eine Reihe von Plätzen zur Bedienung von Schlüsseln M, die durch an Bord entwickelte Schnellschlüsselverfahren besonders schnell Funksprüche ver- und entschlüsseln können, wodurch sehr viel Zeit beim Durchbringen wichtiger Funksprüche gespart wird, ohne die verwendeten Schlüssel zu kompromittieren.

Die optischen Signalmittel verlieren langsam an Bedeutung. Die Flaggensignale, dargestellt durch eine oder mehrere Signalflaggen an einer Rah, sind auf größere Entfernungen nicht mehr genügend gut zu erkennen, sie können aber noch Bedeutung zum Übermitteln von Befehlen haben. Auf kurze Entfernungen war von jeher der Signalverkehr mit Winkflaggen ein sicheres Mittel, kürzere Nachrichten schnell und sicher »wdL« (»weiter durch die Linie«) zu bekommen. Es war immer eine Freude, die flinken Signalgasten zu beobachten, wenn sie Winksprüche abgaben oder ablasen. Das war einst möglich, als Torpedo- und Minensuchboote »dicht an dicht« fuhren. Als Vorgriff auf die Bundesmarine sei hier vermerkt, daß der Signalverkehr mit Winkflaggen abgeschafft ist, nicht um das Geld für diese Signalmittel, sondern um die Zeit für die Ausbildung hierzu zu sparen. Man muß sich auch von Dingen trennen können, die etwas Romantisches an sich hatten; die Männer mit den gekreuzten Winkflaggen auf dem linken Ärmel, mit oder ohne Anker, waren schon Seeleute, die wie keine anderen ein Schiff nach außen repräsentieren konnten.

Zum Nachrichtenmittelabschnitt gehört auch alles, was heute mit dem Begriff RADAR verbunden ist. In der Kriegsmarine wurden in dieser Richtung schon Jahre vor dem Kriege Anlagen entwickelt, die unter verschiedenen Namen liefen, z. B. De-Te-Geräte (Dezimetertelegraphie-Geräte), Funkmeßgeräte oder noch anderes.

Auf der *GU* und ihrem Schwesterschiff wurden bei Kriegsbeginn derartige Geräte eines verbesserten Typs eingebaut, zunächst eins oben auf der Meßhaube im Vormars, später ein weiteres auf der achteren Meßhaube.

Der Sanitätsabschnitt

Dem Sanitätswesen stellt sich die Aufgabe, ärztliche Hilfe vorzubereiten und im Bedarfsfalle zu leisten, in Friedenszeiten und besonders natürlich im Kriegsfall, wenn neben den immer vorkommenden Erkrankungen und Verletzungen auch mit solchen durch Feindeinwirkung gerechnet werden muß.

Planmäßig sind im Mobfall auf einem Schiff von der Größenordnung der *GU* vier Sanitätsoffiziere kommandiert, der Schiffsarzt, meist ein Oberstabsarzt, und drei Hilfsärzte. Von den Sanitätsoffizieren hat mindestens einer eine chirurgische Ausbildung, ein anderer eine innere, und immer ist ein Zahnarzt dabei. Meist ist es ein Stabszahnarzt. Er kam im Krieg oft aus Österreich, da dort auch die Zahnmediziner voll approbiert sind und daher an Bord voll als Sanitätsoffiziere eingesetzt werden können. Als weiteres Sanitätspersonal sind eingesetzt:

— Ein Portepeeunteroffizier als Leiter des gesamten Unterpersonals und vor allem auch als Verwalter der Schiffsapotheke;
— ein Sanitätsmaat und etwa
— zehn Sanitätsgasten bilden den Stamm des Unterpersonals, das im Kriege ergänzt, aber schon im Frieden ausgebildet worden ist als Hilfskrankenträger und Helfer bei den verschiedenen Aufgaben, die bei Kranken und Verwundeten anfallen. Hierfür kommen u. a. Musiker in Frage — soweit sie nicht als Schlüsselpersonal in den Funkräumen gebraucht werden —, Köche, Kellner, Friseure, Zivilstewards usw. Die Hilfskrankenträger werden über das ganze Schiff verteilt oder sind auf den Verbandsplätzen eingesetzt.

Unter der Brücke an Oberdeck ist das Schiffslazarett mit Behandlungs- und Krankenräumen. Diese sind mit Schlingerkojen, einer kleinen Isolierstation und der unter Panzerschutz befindlichen Schiffsapotheke ausgestattet. Der Hauptgefechtsverbandsplatz liegt unter dem Panzerdeck, unmittelbar neben der Zentrale. Ein großer Nebenraum ist als Lagerungsplatz vorgesehen und mit Segeltuchkojen, jeweils drei übereinander, vorbereitet. In Abteilung XIX befindet sich über dem Panzerdeck der sogenannte Nebengefechtsverbandsplatz. Beide Gefechtsverbandsplätze haben auf der GU eine volle chirurgische Ausrüstung, was auf einen besonderen Umstand zurückzuführen ist.

Zweimal hatte die GU große Verluste, bei den Bombentreffern in Brest und in Kiel, 88 Mann im April 1941 in Brest und 112 Mann im Februar 1942 in Kiel. Alle an Bord haben erlebt, wie hart das Sanitätspersonal unter Führung unserer Schiffsärzte arbeitete, um das Leben von Verwundeten zu erhalten, und in vielen Fällen ist es ihnen auch gelungen. Bei beiden Angriffen lag das Schiff im Hafen, die Verletzten konnten schnell ausgeschifft und in das ortsfeste Lazarett gebracht werden; so konnten besonders die Gasgeschädigten schnell und sicher versorgt werden. Es mag für einen Nichtseemann erstaunlich sein, daß hier von Gasschäden gesprochen wird. Tatsächlich hatte nur die Marine das Problem der Gasschädigung zu bewältigen, denn bei der Detonation auch der eigenen Munition entwickeln sich Nitrosegase, die in der Wirkung dem Gelbkreuz ähneln, und gegen die eine übliche Gasmaske keinen Schutz bietet.

Sehr wichtig sind Ausbildung und Ausrüstung mit Isoliergeräten, in der Marine Flottenatmer genannt, die im Gegensatz zur Gasmaske den Träger gegen Kohlensäure schützen, wie sie bei Bränden und als Rückstände nach dem Schuß aus der Kartusche ausströmen. Den Kartuschen wird daher ein einfacher Papphut auf die Öffnung gestülpt, mit dem sie dann nach achtern aus dem Turm herausgestoßen werden. Eine große Zahl Flottenatmer wird über das Schiff verstreut aufgehängt, klar zum Gebrauch. Bei richtiger, schneller Benutzung ist er ein wirklich gutes, sicheres Rettungsmittel.

Tragisch ist der Verlust unseres Leitenden Ingenieurs, Korvettenkapitän (Ing.) Kannegießer, der bei einem Rettungsversuch in einen optisch natürlich nicht wahrnehmbaren Sumpf von Kohlensäure geraten und dadurch erstickt ist. Das Gas war einer durch einen Treffer wahrscheinlich defekt gewordenen Kühlmaschine entströmt. Solch ein Raum hätte nur mit einem Isoliergerät betreten werden dürfen.

Bordflugzeuge

Die Seeluftwaffe ist heute vom modernen Kriegsschiff nicht mehr wegzudenken, sei es als Flugzeug oder Starrflügler oder als Hubschrauber. Arten sowie Typen sind ebenso mannigfach wie die Start- und Landemöglichkeiten. Sogar das Flugboot hat sich in einigen Marinen noch erhalten.

Die *Gneisenau* erlebte während der kurzen Jahre ihrer Indiensthaltung land- oder bordgestützte Flugzeuge, vor allem solche aus Großbritannien, die sich hinsichtlich Geschwindigkeit, Aktionsradius, Bewaffnung sowie Navigationssicherheit erstaunlich schnell entwickelten und ein immer gefährlicherer Gegner wurden. Der Bau eigener Flugzeugträger blieb ein Plan; zwar lief der erste, die *Graf Zeppelin*, am 8. Dezember 1938, genau zwei Jahre später als die *GU*, in Kiel von Stapel, er kam aber nie in Dienst. Ein zweiter verließ die Hellinge nur zum Abbruch. Die *Gneisenau* selbst wurde dafür eingerichtet, Bordflugzeuge aufzunehmen, sie für vorgesehene Aufgaben mittels einer Flugzeugschleuder zu starten und nach beendeter Aufgabe wieder an Bord zu nehmen. Sie erhielt zunächst die »Heinkel He-114« und ab 1939 die »Arado 196«. Für die Endausrüstung waren vier Flugzeuge geplant, von denen zwei in der Flugzeughalle und je eines auf der Schleuder auf oder neben der Halle und eines auf der Schleuder auf der Turmdecke des Turms Cäsar festgezurrt wurden. In der Praxis wurde fast ausschließlich nur eine Maschine an Bord gefahren, da die Flugzeughalle während der Werftzeit in Brest ausgebaut und auf dem anschließenden Marsch durch den Englischen Kanal keins unserer Bordflugzeuge mitgenommen wurde. Und es stellte sich bald heraus, daß die Schleuder auf der Turmdecke achtern reichlich unpraktisch war. Ihr erhebliches Gewicht störte die Drehbewegungen des Turmes, und Treffer in die Schleuder oder in das Flugzeug konnten Teile auf die Rohre des Turms Cäsar schleudern oder fallen lassen und damit den ganzen Turm blockieren. Diese Schleuderanlage wurde daher wieder abgebaut.

Während der Flugzeugstart im allgemeinen keine Schwierigkeiten bot, war das Wiedereinsetzen immer ein interessantes, risikoreiches Unternehmen. Die *GU* war bei ihrer Indienststellung an der B.B.Seite mit einem »Landesegel« ausgerüstet, das im Bedarfsfall an einer Art Backspier festgemacht wurde und etwa 30 m nach achtern auf dem Wasser schwamm. Das in der Nähe gewasserte Schwimmflugzeug fuhr langsam heran, bis es auf dem Landesegel saß, von wo es mit dem Flugzeugkran hochgehoben und auf seinem Platz an Deck oder auf der Schleuder abgesetzt werden konnte.

Diese Art, die sich unter anderen Voraussetzungen und nicht seitlich, sondern achteraus geschleppt, im Atlantik auf großen Flugzeugschleuderschiffen, wie sie zur Postbeförderung von Deutschland nach den USA vor dem Kriege benutzt wurden, bewährt hatte, fand auf einem Schlachtschiff unter kriegsmäßigen Bedingungen ungünstigere Verhältnisse vor. Ein anderes, technisch viel einfacheres, Verfahren wurde eingeübt und bewährte sich gut. Sobald das Flugzeug klar zum Landen und Einsetzen ist, dreht das Schiff in großem Bogen so, daß die Einsetzseite in Lee ist und daß durch dieses Lee die Wasseroberfläche ruhiger als die Luvseite ist. Das Flugzeug rollt dann auf das Schiff zu, bis es sich unter dem Kran befindet. Nach schnellem Einpicken des Hakens am Hievdraht wird das Flugzeug hochgehievt. Ein gut bewährtes Verfahren.

Das Bordflugzeug wird vielseitig verwandt:

— Zur Beförderung von Personen von einem Schiff zu einem anderen oder an Land;
— in dringenden Fällen zur Abgabe von chiffrierten Funk-

sprüchen weitab vom Schiff in einem Stützpunkt oder vom Flugzeug selbst;
— zur Feindaufklärung;
— zur U-Bootjagd;
— zur Unterstützung der Jagd auf Handelsschiffe z. B. durch Zerreißen von Antennen oder »Unterstreichen von Befehlen« zur Funkstille durch Bomben oder Feuerstöße aus den Bordwaffen. Alles ereignete sich, und jede der angegebenen Möglichkeiten bewährte sich.

Da die Flugzeugführer ausschließlich aus der Marine stammen, ebenfalls die meisten Funker und Motorenwärter, ergab sich fachlich und menschlich ein besonders gutes Zusammenarbeiten.

Torpedowaffe

Bei der Konstruktion und dem Bau des Schiffes war eine
Torpedowaffe nicht vorgesehen, wofür vielerlei Gründe
vorlagen. Schon bald im Kriege merkte man, wie sehr ein
»Aal« hätte helfen können. Etwas Fantasie mag mitgespielt
haben, wenn jemand dachte und hinterher meinte: »Jetzt
einen Viererfächer auf die *Renown*, von dem hätte bestimmt
einer getroffen!« Viel besser aber hätten sich Torpedos
beim Durchbruchversuch südlich Island am 28. Januar 1941
und zum unbemerkten Versenken von Handelsschiffen im
Atlantik bewährt. Schließlich hat das OKM die Berechti-
gung des Antrages der *GU*-Schiffsführung eingesehen:
Noch im Sommer in Brest wird auf jeder Seite der Schanze
neben Achterkante Turm Cäsar ein Drilling eingebaut. Der
Torpedooffizier, Kapitänleutnant Berendsen, macht von der
Pier in Brest aus einige Probeschüsse mit Übungstorpedos in
die Brester Bucht hinein, die Aale laufen ziemlich gut, und
damit ist die Geschichte der Torpedowaffe der *GU* bereits
geschrieben, denn die drei »dicken Schiffe«, die *Gneisenau*,
die *Scharnhorst* und die *Prinz Eugen*, mußten wegen möglicher Eigengefährdung nicht nur die Bordflugzeuge, sondern auch die mühsam erkämpften Torpedos beim Kanaldurchbruch zu Hause, das heißt in Brest, lassen.

Schlachtschiff »Gneisenau« als Flottenflaggschiff

Zur Unterbringung seines Stabes und zur Einrichtung seiner technischen Führungsmittel wird dem Flottenchef ein entsprechendes Führungsschiff zur Verfügung gestellt, das »Flottenflaggschiff«. Es wird immer eins der neuen, kampfkräftigen Schiffe sein und in einer Seeschlacht ebenso im Kampf mit dem Gegner eingesetzt werden wie die übrigen Flotteneinheiten. Flottenflaggschiffe sind in der Seekriegsgeschichte vielfach bekannt geworden durch Namen und Erfolge der auf ihnen eingeschifften Befehlshaber, so die *Victory*, das Flaggschiff Nelsons, der 1805 bei Trafalgar auf diesem Schiff seinen entscheidenden Seesieg errang und noch während der Schlacht fiel. Dieses berühmteste aller älteren Schiffe fuhr als Flaggschiff bis 1812. Es liegt heute in einem Trockendock in Portsmouth und zeigt sich den Besuchern so, wie es vor 200 Jahren gebaut wurde. Im übrigen gilt es als noch im Dienst befindlich, es trägt am Heck die weiße Kriegsflagge und im Großmast die Admiralsflagge des Oberbefehlshabers. Sicherheits- und Wachpersonal an Bord tragen das Mützenband H. M. S. *Victory*.

In alten Zeiten wurde ein Flottenflaggschiff ausgewählt, weil es schnell, seetüchtig und gut gebaut war, eine gute Besatzung hatte und ihm ein guter Ruf vorausging; dazu mußte es eine gute Bestückung haben, und tatsächlich war die *Victory* mit 104 Kanonen das am besten bestückte Schiff in Nelsons Flotte. Besondere Anforderungen wurden nicht gestellt; außer einem Flaggleutnant hatte es kein Stabspersonal.

Seit etwa Beginn unseres Jahrhunderts haben sich die Verhältnisse grundlegend verändert. Ein Flottenflaggschiff hat, zusätzlich zur Besatzung, noch annähernd 100 Mann an Bord, darunter rund 15 Offiziere des Stabes, zusätzliches Personal aus dem Bereich der Funkaufklärung, der Seekriegsleitung und der PK-Abteilungen. Hierfür wird nicht unerheblicher zusätzlicher Raum gebraucht, vor allem Kammerplätze und Arbeitsräume, außerdem eine »Admiralsbrücke« mit Nebenräumen. Dieses zusätzliche Personal mit dem übrigen Stabsapparat ist nicht auf jedem Schiff unterzubringen, andererseits wäre es Platz- und Geldverschwendung, würde man von vornherein jedes »dicke Schiff« zur Aufnahme und Arbeitsmöglichkeit eines ganzen Flottenstabes einrichten.

Frühzeitig erkannte man daher die Zweckmäßigkeit, nur ein, höchstens zwei Flottenflaggschiffe zu bauen und einzurichten, die in ihren wesentlichen Merkmalen genau denen ihrer Schwesterschiffe entsprachen, z. B. in Größe, Geschwindigkeit, Waffen, Panzerung usw., die aber zusätzlich die notwendigen Einrichtungen zur Unterbringung und Funktionsfähigkeit der zu einem Flottenstabe gehörenden Männer und Mittel besitzen. Admiral von Tirpitz faßte schon bald nach seinem Dienstantritt als Staatssekretär des Reichsmarineamtes den Plan, durch ein Flottengesetz Stärke und Zusammensetzung der Flotte auf längere Zeit festzulegen und nur die dadurch jährlich fälligen Geldmittel durch den Reichstag bewilligen zu lassen. Das 1. Flottengesetz wurde im April 1898 durch den Reichstag bewilligt. Es enthielt u. a. als anzusteuerndes Ziel die Forderung, die Flotte solle aus zwei Geschwadern zu je acht Linienschiffen und einem Linienschiff als Flottenflaggschiff bestehen; daneben folgten weitere Angaben über Auslandsschiffe, Kreuzer usw. Schon zwei Jahre später ergab sich aus militärpolitischen Gründen die Notwendigkeit, durch ein 2. Flottengesetz die Zahl der Linienschiffe zu erhöhen. Hier interessiert nur, daß der Sollbestand der Flotte bis 1917 neben großen und kleinen Kreuzern usw. vier Geschwader zu je acht Linienschiffen und zwei Flottenflaggschiffe beträgt.

So war die Entscheidung gefallen, besondere Flottenflaggschiffe zu bauen, die in Flottentaschenbüchern usw. beispielsweise den Vermerk trugen: »*Friedrich der Große*, als Flottenflaggschiff eingerichtet«. Die so gekennzeichneten Schiffe (vorhergehend bereits die *Preußen* und die *Wittelsbach*) wurden damit von vornherein zur Aufnahme des Flottenstabes und -unterstabes und aller sonstigen Einrichtungen gebaut. Für kleinere Stäbe wie die von 2. Admiralen, Führer von Aufklärungsgruppen usw., genügten wenige Räume. Die Maate und Mannschaften dieser von Flottenchefs oder Seebefehlshabern geführten Stäbe hatten als besondere Auszeichnung auf dem linken Oberarm auf rundem blauem Tuch eine Admiralsflagge ohne Bälle.

Da die Flaggschiffe häufig ihren Standort wechseln, in See sind oder in einer Werft liegen, wurden zu Beginn des Jahrhunderts ältere, für Frontverwendung nicht mehr geeignete Schiffe für Wohn- und Bürodienst eingerichtet, auf denen der Stab und der Unterstab mit den Büros untergebracht wurden. Im Ersten Weltkrieg lag in Wilhelmshaven für diesen Zweck das alte Linienschiff *Kaiser Wilhelm II.* (»K. W. Zwo« genannt), noch fahrklar für etwaiges Verlegen in andere Häfen.

Auch die Reichsmarine begann Mitte der zwanziger Jahre aus gleichen praktischen Gründen, mit dem Umbau eines der aus dem Kriege stammenden schwarzen, kohle-befeuerten Minensuchboote, der *Hela*, ex *M 135*, zum Flottentender. Wegen ihrer ungenügenden Unterbringungsmöglichkeiten wird eine neue *Hela* in Bau gegeben, die (2500 t groß, 19 kn schnell und für 244 Mann Besatzung eingerichtet) 1939 in Dienst gestellt wird. Kommandant des alten Flottentenders wird der Oberdeckoffizier Paul Schulze, der später Offizier wird und schließlich die neue *Hela* als Fregattenkapitän in Dienst stellt. Zur Unterscheidung von vielen anderen Namensvettern heißt er in der Flotte allgemein »Schulze-Hela«.

Kurz vor jeder Unternehmung kommt die *Hela* bei der *Gneisenau* längsseits. Stab und Unterstab steigen mit Koffern, Seesäcken und Akten auf das Flaggschiff über, und jeder an Bord weiß, es geht wieder los, und auch vor den Zuschauern an Land bleibt diese Tatsache nicht verborgen.

Da der Stab, auch einfach »die Flotte« genannt, sein eigenes Reich hat, seine eigenen Arbeits- und Wohnräume, seine eigene Brücke mit Kartenhaus, Signaldeck usw., merkt das Schiff wenig von den Gästen. Natürlich werden Kommandant, Leitender Ingenieur, Navigationsoffizier, Bordnachrichtenoffizier oder andere Waffenleiter zu Besprechungen oder zum Abstimmen von Planungen auf die Admiralsbrücke befohlen, im allgemeinen ist der Flottenstab aber derart mit Fachkräften besetzt, daß er selbständig führen kann. Natürlich bleiben Unstimmigkeiten nicht aus, sie werden aber im allgemeinen ohne große Schwierigkeiten ausgebügelt.

Die Admiralsbrücke ist ständig mit mindestens einem Admiralstabsoffizier der Wache (Asto der Wache) besetzt, der für seemännische und navigatorische Führung des ganzen Verbandes verantwortlich ist und im Kriege bei Feindberührung die ersten Maßnahmen zu ergreifen hat, bis der Flottenchef oder sein Chef des Stabes, die beide unmittelbar an der Admiralsbrücke eine kleine »Brückenkammer« haben, selbst die Entscheidungen übernehmen.

Die *Gneisenau* war Flaggschiff für drei Flottenchefs, nämlich für

Admiral Hermann Boehm	11. 38. bis	10. 39.
Admiral Wilhelm Marschall	10. 39. bis	7. 40.
V.Admiral Günther Lütjens i. V.	4. 3. 40. bis	13. 4. 40.
V.Admiral Günther Lütjens i. V.	19. 6. 40. bis	8. 7. 40.
Admiral Günther Lütjens	7. 40. bis	3. 41.

Admiral Boehm hat die Flotte nur während einer kurzen Unternehmung gegen vermuteten Schiffsverkehr in der nördlichen Nordsee geführt. Er wurde abgelöst durch Admiral Marschall, der bis dahin Befehlshaber der Panzerschiffe (B. d. P.) war. Wegen Erkrankung mußte er im April 1940 bei der Norwegenunternehmung von Vizeadmiral Lütjens, der als Nachfolger Marschalls inzwischen B. d. P. geworden war, vertreten werden. Im Juli 1940 wurde er sein endgültiger Nachfolger.

Admiral Marschall, der im Ersten Weltkrieg als U-Boot-kommandant den höchsten Orden, den »Pour le Mérite« bekam, dem aber trotz seiner erfolgreichen Führung der Flotte wegen Unstimmigkeiten mit der Seekriegsleitung das »Ritterkreuz« versagt blieb, war eine ausgesprochene Persönlichkeit. Er genoß bei seinen Untergebenen hohes Ansehen, und seine markante, selten mal leise Stimme war weit und breit bekannt. Er wurde nach Ablösung als Flottenchef noch anderweitig verwandt, u. a. als Oberbefehlshaber des Marinegruppenkommandos West (»Marinegruppe West«) und zum Generaladmiral befördert.

Die Unternehmungen der Schlachtschiffe während des ersten Kriegsjahres haben nur jeweils eine kurze Dauer von wenigen Tagen, so daß der auch im Kriege unvermeidliche und alle Teile des Flottenkommandos betreffende Geschäftsgang sich einigermaßen gut abwickelt. Als sich aber Ende 1940 voraussehen läßt, daß in Kürze beide Schlachtschiffe mit dem Flottenstab auf der *Gneisenau* für länger in den Atlantik zur Handelskriegführung auslaufen werden, wird folgende Lösung gefunden, um einerseits den Flottenchef in See allein auf die Führung seiner Kampfgruppe und der zugeteilten Troßschiffe zu beschränken, andererseits aber eine personell gut besetzte und mit allen Kompetenzen des Flottenchefs für den übrigen Teil der Flotte ausgestattete Dienststelle einzurichten: Es wird im Dezember 1940 in Kiel der »2. Admiral der Flotte« unter Konteradmiral Siemens gebildet und auf der *Hela* eingeschifft, in dem alle klassischen Admiralstabsoffiziere und Abteilungen vertreten sind. Dieser 2. Admiral der Flotte ist in der Lage, sämtliche dem Flottenkommando zugewiesenen Angelegenheiten zu bearbeiten und zu entscheiden. Dieser Stab bleibt auch nach Rückkehr der Flotte von ihrer Atlantikunternehmung am 22. März 1941 bestehen; er wird erst aufgelöst und mit einem neuen Flottenkommando vereinigt, als mit der *Bismarck* der gesamte Flottenstab untergeht.

15 Monate Friedenszeit

Der Tag der Indienststellung wurde ein Feiertag mit besonders guter Verpflegung; man lernt sich »an der Back« kennen, ist vielleicht bereits auf der *Karlsruhe* zusammen gewesen oder bei einem anderen Kommando. Der erste Dienst beginnt mit Schiffskunde. Man lernt die wichtigsten Teile des Schiffes kennen, auf welche Station man rennen muß, wenn es irgendwo brennt und das Signal »Feuer im Schiff« mit der Schiffsglocke angeschlagen und der Brandort mit der Schiffslautsprecheranlage bekanntgegeben wird. Zum sehr bald angesetzten Dienst gehört auch das »Rollen-exerzieren«, das Kennenlernen aller Plätze und Funktionen bei den verschiedenen Gelegenheiten, bei denen die Sicherheit des Schiffes oder seiner Besatzung ein sofortiges Handeln aller Männer erfordert. Jeder Besatzungsangehörige muß wissen, an welchem Ort er was zu tun und zu veranlassen hat, wenn es, wie gesagt, irgendwo brennt, wohin man sich bei »Klar Schiff zum Gefecht« zu begeben hat, wo seine Reinschiffstation oder seine Verschlußstation ist, wenn das Schiff bei einer Grundberührung oder bei einer Rammung mit einem anderen Schiff in Gefahr ist, wohin man sich zu begeben hat, wenn das Schiff aus irgendeinem Grunde zu sinken droht usw. Er muß in einem derartigen Fall wissen, welches Rettungsmittel (Boot oder Rettungsinsel) für ihn vorgesehen ist. Alle diese Maßnahmen und alle Fälle, in denen die ganze Besatzung beteiligt ist, sind auf einer Karte mit vorgedruckten Angaben vermerkt, und diese »Rollen-karte« hat man bei sich zu tragen. Die Karte enthält eine vierstellige Zahl, die für den Besitzer der Karte andeutet, zu welcher Division, Gefechtsstation und Wache er gehört. Mit dieser Zahl wird auch die Hängematte bezeichnet, damit jeder seine eigene Hängematte, seinen eigenen »Miefbeutel« ergreift, wenn abends als Zeichen zum Schlafengehen »Klar bei Hängematten« durch die Decks gepfiffen wird.

Gleichzeitig werden von dem dazu bestimmten Personal die Funktionen eingeübt, die beim Inseegehen des Schiffes ausgeführt werden müssen. Die Kessel werden bedient zum Erzeugen des notwendigen Dampfes für die Turbinen und auch für die Rudermaschinen, falls diese nicht elektrisch angetrieben werden; Strom wird zum Einsetzen der Boote, zum Lichten des Ankers oder, falls das Schiff an der Pier liegt, zum Bedienen der Leinenwinden gebraucht. Auf der Brücke zieht das Personal zum Bedienen des Ruders, der Maschinentelegrafen, als Telefonposten oder Ausguck auf, das Signalpersonal besetzt seine Stationen, und der Oberbootsmann geht mit seiner Bootsmannsgruppe auf die Back zum Ankerlichten, wobei eine wichtige Funktion beim Bedienen des Ankergeschirrs der Zimmermeister, kurz »Meister« genannt, hat.

Hat das Schiff einige Wochen hindurch intensives Rollenexerzieren und auch kürzere Fahrten in die Kieler Bucht gemacht, wird durch die »Seeklarbesichtigung« festgestellt, ob bzw. daß die Besatzung auf allen ihren Stationen gut ausgebildet ist und auch in See die notwendigen Manöver beherrscht wie »Mann über Bord«, Ankern usw. Der Besichtigende, entweder der Kommandant oder ein Vorgesetzter, stellt dem Schiff eine Bescheinigung über seine Seetüchtigkeit und über seine Fähigkeit zum Befahren der offenen Gewässer nach den Regeln der See- oder Seewasserstraßenordnung aus.

Inzwischen hat auch die Waffenausbildung begonnen. Zunächst erfolgt Unterricht auf den jeweiligen Gefechtsstationen. Man lernt die Bedienung der Waffen und das Beseitigen von Fehlern und Versagern kennen. Es folgt das Zusammenwirken mit anderen Waffenabschnitten, etwa mit der Befehlsübermittlung oder mit den Entfernungsmeßgeräten, und man ist schließlich so weit, mit dem ersten noch »primitiven« Schießen zu beginnen, mit dem Klingscheibenschießen. Dazu wird in das Geschützrohr ein einfacher Apparat mit einem Gewehrlauf hineingeschoben und festgeschraubt, zum Schießen mit Gewehrmunition geladen und dann mit dem Geschütz oder dem Geschützturm auf eine an einem Holzgerüst aufgehängte Metallscheibe abgefeuert. Diese Klingscheibe kann verankert oder geschleppt werden, Treffer werden durch den Klang beim Auftreffen des Geschosses auf der Scheibe festgestellt. Ein sehr einfaches Verfahren, das aber zum Funktionieren der ganzen Geschützanlage eine gute Vorübung ist.

Der nächste Schritt auf dem Wege zum Kaliberschießen ist das Schießen mit Abkommrohren. Dazu wird in jedes Geschützrohr ein Rohr mit kleinerem Kaliber hineingeschoben und mit den Richt- und Abschußanlagen des eigentlichen Geschützes verbunden. In das 28-cm-Rohr der Schweren Artillerie wird z. B. ein 8,8-cm-Rohr, in das der Mittelartillerie (15 cm) ein 5-cm-Rohr hineingeschoben. Diese Rohre werden betätigt und bedient wie das eigentliche Kaliberrohr, man schießt auf geschleppte Scheiben, kann mit den üblichen Beobachtungsmethoden Treffer oder Lage der Aufschläge am Ziel feststellen. Nach fünf bis sechs Wochen ist jedermann an Bord auf seinen verschiedenen Stationen einigermaßen ausgebildet und mit seinen vielerlei Pflichten vertraut gemacht worden. Der Kommandant hat das Vertrauen in Schiff und Besatzung, so daß die erste große Seefahrt »mit Außersichtkommen des Landes« steigen kann. Er beschließt eine achttägige Fahrt durch den Großen Belt, durchs Skagerrak, entlang der norwegischen Küste bis in die Höhe von Bergen, dann nach Westen und nördlich um die Shetland-Inseln herum, die kleinen, steil aus dem Atlantik herausragenden Inseln St. Kilda umlaufend, weiter nördlich der Hebriden und durch den interessanten Pentland Firth mit seiner starken Strömung, eben nördlich Scapa Flow mehr ahnend als sehend, und zurück geht es über die Nordsee und durch das Kattegatt nach Kiel. Diese Reise vom 30. Juni bis 8. Juli 1938, ohne einen Hafen anzulaufen, aber navigatorisch und geographisch hochin-

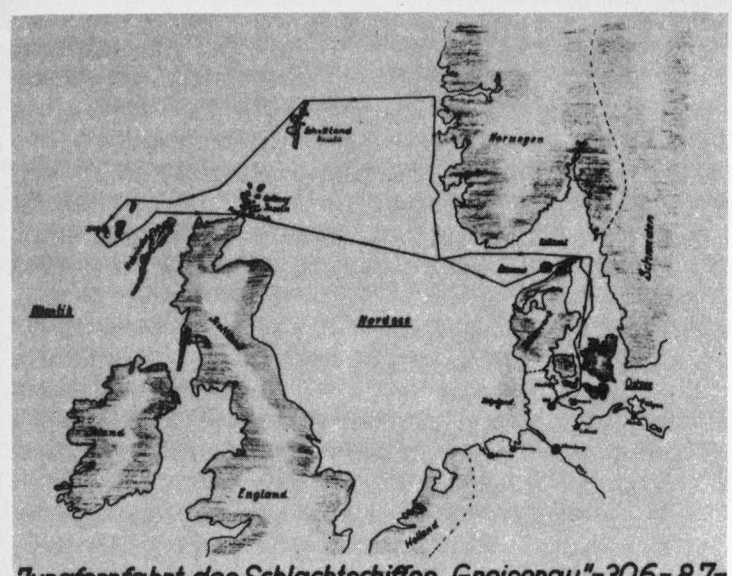

Jungfernfahrt des Schlachtschiffes „Gneisenau"-30.6.- 8.7.-

Wegeskizze der Gneisenau bei ihrer Jungfernfahrt vom 30. Juni bis 8. Juli 1938. Diese Fahrt soll erstmals die Besatzung unter erschwerten Bedingungen einer längeren Seefahrt und möglicher schlechter Wetterlage an die Erfüllung ihrer Aufgaben auf den verschiedenen Stationen ihres Schiffes gewöhnen.

teressant, hat der ganzen Besatzung viel Freude und Auftrieb gegeben.

Es folgen zwei mit Ausbildung und Urlaub ausgefüllte Monate, die aber bald überschattet werden durch die Ereignisse in der Tschechoslowakei. Als unmittelbare Folgen für die Wehrmacht entfallen z. B. die mit Spannung erwarteten, sehr groß aufgezogenen Wehrmachtmanöver; ebenso sind die üblichen Ausbildungsreisen der drei Kadettenschulschiffe aufgeschoben; die Werftzeiten für Schiffe und Boote werden verkürzt. Die GU läuft am 20. September

1938 erstmalig in Wilhelmshaven ein; trotz herrlichen Wetters, Windstille und einem Kopfschlepper giert das Schiff in der Schleuse ziemlich stark und stößt auf beiden Seiten gegen die Kaimauern. Wie wird das bei schlechterer Wetterlage aussehen? In einigen Jahren wird es aber besser sein, wenn die große neue Schleuse mit zwei Kammern in Betrieb sein wird. Während dieser Tage fällt die Entscheidung, daß die *GU* und Anfang 1939 auch die *SH* Kiel als Hauptliegehafen behalten bzw. bekommen, und daß das Panzerschiff *Admiral Graf Spee* von Kiel nach Wilhelmshaven verlegt wird, da seine Flaggschiffaufgaben an die *Gneisenau* übergegangen sind. Nach zehn Tagen im Schwimmdock dockt das Schiff wieder aus und läuft nach Kiel zurück.

In den nächsten zwölf Monaten folgt die Fortsetzung der Ausbildung, vor allem Schießübungen, lange Versuche im Sommer im Atlantik, vor allem für das Artillerieversuchskommando (AVKS). Über sechs Wochen Seefahrt im sommerlichen Atlantik mit Besuchen fremder Häfen und Inselgruppen, dabei interessanter Dienst, Schießübungen auf große Entfernungen ohne Befürchtungen, ständig auf Fischerei, Fährschiffe und Segelboote Rücksicht nehmen zu müssen wie in der Ostsee: Das waren schöne, erinnerungsreiche Wochen. Heute ist es eine alltägliche Angelegenheit, seinen Urlaub auf Madeira, auf den Kanarischen Inseln oder Mallorca zu verleben; damals in den Jahren vor dem Kriege, war man glücklich und dankbar für jede Möglichkeit, überhaupt dorthin zu kommen, denn schon die so knappen Devisen machten jeden Auslandsurlaub zur begehrten Seltenheit.

Zwei besondere Ereignisse lassen die Bedeutung der *Gneisenau* als Flottenflaggschiff erkennen: Der Besuch Admiral Horthys im August 1938 und die Einschiffung des Generalobersten Freiherr von Fritsch im Juni 1939.

Am 22. August 1938 lief in Kiel der Schwere Kreuzer *Prinz Eugen* vom Stapel, durch seinen Namen besonders mit der früheren österreichisch-ungarischen Marine verbunden. Taufpatin ist die Gattin des im März 1920 von der Nationalversammlung gewählten ungarischen Reichsverwesers, des letzten Oberbefehlshabers der inzwischen aufgelösten österreichisch-ungarischen Flotte (1918) Nikolaus Horthy von Nagybánya. Er nimmt in seiner früheren Uniform als Vizeadmiral an den Stapellauffeierlichkeiten und an einer ihm zu Ehren veranstalteten Flottenparade teil, die er vom Flottenflaggschiff *Gneisenau* aus mit Hitler und dem ObdM abnimmt.

Der Taufredner beim Stapellauf der *Gneisenau* ist der Oberbefehlshaber des Heeres, Generaloberst Freiherr von Fritsch. Er ist ein im Heer sehr angesehener Vorgesetzter, der auch zum Generaladmiral Raeder ein gutes, vertrauensvolles Verhältnis hat. Durch eine Intrige mußte er später sein Amt an Generaloberst v. Brauchitsch abgeben, in einem Ehrenverfahren wurde er aber wegen erwiesener Unschuld freigesprochen. Er nahm zwar die durch Ernennung zum »Chef eines Regiments« ausgesprochene besondere Ehrung an, reichte aber sein Abschiedsgesuch ein, das von Hitler genehmigt wurde.

Die Marine fühlt sich ihm, dem Taufpaten der *Gneisenau*, besonders verbunden. Als Zeichen, wie sehr sie sich bemüht, ihm ihren Abstand von der ihm, dem ehemaligen Oberbefehlshaber des Heeres, zugefügten Anschuldigung zu zeigen, lädt der Generaladmiral den Generalobersten zu einem Besuch vom 2. bis 12. Juni 1939 auf das Flottenflaggschiff zur Teilnahme an Flottenübungen ein. Ihm werden dabei alle Ehrungen zuteil. Obwohl bereits verabschiedet, trägt er Uniform, bei Anbordkommen und Vonbordgehen ist die ganze Besatzung angetreten, deren Front er abschreitet, und er erhält beim Verlassen des Schiffes einen Salut von 17 Schuß. Einige Monate später, nach Kriegsausbruch, sucht und findet er den Soldatentod vor Warschau.

Inzwischen spitzt sich die politische Lage in Europa zu. Hitler sucht durch Drohungen und Versprechungen starke Zugeständnisse von Polen auf territorialen Gebieten zu erlangen, die ihm aber verweigert werden, da Polen von

England und Frankreich am 6. April 1939 volle Unterstützung im Falle einer Bedrohung zugesichert worden war und Großbritannien die polnischen Grenzen garantierte. Kriegsvorbereitungen gegen Polen werden auf Befehl Hitlers, der an ein Eingreifen Englands und Frankreichs nicht glaubt, bereits seit März 1939 für den Monat August getroffen. Die Panzerschiffe *Graf Spee* und *Deutschland* laufen im August in den Atlantik aus, andere Schiffe und Boote gehen auf ihre durch Mobilmachungspläne vorgesehenen Stationen. Das Schlachtschiff *Gneisenau* ist bereits in der Nordsee, macht Gefechtsübungen in der Deutschen Bucht. Am 3. September, vor Anker auf Brunsbüttel Reede bei völlig abgeblendetem Schiff, gibt der Kommandant der auf der Schanze angetretenen Besatzung den Beginn der Feindseligkeiten — nach dem bereits am 1. September 04.45 Uhr erfolgten Einmarsch deutscher Truppen in Polen und dem Beginn der Operationen vor der polnischen Ostseeküste — nunmehr auch mit den Seemächten England und Frankreich bekannt. Von nun an fährt die *GU* nur noch völlig abgeblendet.

Das erste Kriegsjahr

Nun ist der Krieg da!

Ein Krieg auch gegen England, trotz aller Beteuerungen Hitlers, an eine militärische Auseinandersetzung mit dieser großen Seemacht sei in absehbarer Zeit nicht zu denken.

Wie wird dieser Krieg beginnen, und welche Aufgaben werden nun der *GU* zufallen? Eine Frage, die alle an Bord bewegt. Zunächst werden alle notwendigen Vorbereitungen getroffen:

— Die Kraft- und Ruderboote werden von Bord gegeben;
— das mobilmäßig vorgesehene Personal steigt ein;
— Übungsmunition wird von Bord gegeben,
— die Gefechtsmunition aufgefüllt.

Tag und Nacht ziehen Flugzeugbeobachtungsposten auf, die Fla-Geschütze aller Kaliber werden kriegswachmäßig besetzt. In der ganzen Marine werden die Mützenbänder mit den Namen der jeweiligen Kommandos ausgetauscht gegen solche, die allgemein nur die Aufschrift KRIEGSMARINE tragen. Die Schiffswappen an beiden Seiten des Bugs der *Gneisenau* werden entfernt, ebenso die immer so schön geputzten Schiffsnamen an beiden Heckseiten.

Am nächsten Tag, dem 4. September, ist zum ersten Mal »Fliegeralarm!« durch Sirenen und Flaggen. Um 18.03 Uhr fliegen drei zweimotorige Bomber auf das Schiff zu, Höhe etwa 1500 m. Sie werden von der Schweren Flak beschossen und drehen wieder ab, ohne Bomben abgeworfen zu haben. Am 8. September: Marsch durch den Kanal nach Osten. Wegen Ausfalls der B.B.-Maschine geht es in die Werft. Anschließend finden Übungen in der Östlichen Ostsee statt.

Im Oktober wechselt der Flottenchef. Admiral Boehm, erst seit November 1938 in dieser Stellung, hatte den ObdM

um seine Ablösung gebeten; der Grund für eine Auseinandersetzung zwischen den beiden führenden Persönlichkei-
ten der Marine liegt hauptsächlich in einer schon im Frieden
befohlenen Organisation der Befehls- und Verantwortungs-
verhältnisse im Seekrieg. Wenn davon ausgegangen wird,
daß bei größeren Unternehmungen, vor allem, wenn diese
von längerer Dauer sind, der Flottenchef mit seinem Stabe
die Flotte in See führt, muß er einerseits notwendige Unter-
richtungen, Lagebeurteilungen und Befehle direkt von seiner
vorgesetzten Stelle, der Seekriegsleitung in Berlin, bekommen, andererseits aber seine Gedanken, Absichten und
Feindbeurteilungen auf dem gleichen Wege nach »oben«
melden. Es kann sich dadurch ein umständlicher Befehlsweg
ergeben, erschwert durch den Zwang, aus Gründen der
Abhör- und Einpeilmöglichkeit vom Funkweg nur geringen
Gebrauch machen zu können. Es wurden daher bereits im
Frieden in Ost- und Nordsee je ein Marinegruppenkomman-
do zwischen Flotte und Seekriegsleitung bzw. Oberbefehlshaber der Marine zwischengeschaltet, dessen Oberbefehlshaber in taktischen Angelegenheiten dem Flottenchef über-
geordnet war. Gleichzeitig wird der taktische Begriff »Seebefehlshaber West« oder auch »Seebefehlshaber Nord« usw.
eingeführt für den Befehlshaber oder Verbandschef, der mit
Teilen der Flotte größere Operationen in See durchführt.

Admiral Boehm übergibt im Oktober das Flottenkommando an Vizeadmiral Marschall, den bisherigen Befehlshaber der Panzerschiffe, der am gleichen Tage zum Admiral
befördert wird. Admiral Boehm ist zweifellos einer der
fähigsten und erfahrensten Flaggoffiziere, dessen Ausschei-
den aus der Flotte ausgerechnet bei Beginn des Krieges sehr
bedauert werden muß. Seine militärische Laufbahn ist aber
nicht beendet, er wird im April 1940 Kommandierender
Admiral Norwegen und später Oberbefehlshaber des Ma-
rineoberkommandos Norwegen, wird zum Generaladmiral
befördert und Mitte 1943 in den einstweiligen Ruhestand
versetzt. Noch als Flottenchef führt er vom 7. bis 9. Oktober
1939 mit der *Gneisenau*, einem Kreuzer und neun Zerstö-

rern die erste Unternehmung der Flotte, die einen deutschen Verband über die Nordsee hinaus nach Norden führt. Die Absicht ist, größere britische Flottenteile bei einer Verfolgung des deutschen Verbandes über eine deutsche U-Boot-standlinie und in den Bereich der deutschen Luftwaffe zu ziehen. Obwohl die feindliche Luftaufklärung die Deutschen erfaßt und meldet, erfolgt keine Feindberührung.

Am 21. November 1939, um 14.00 Uhr, laufen *GU* (Kommandant Kapitän zur See Förste) und *SH* (Kommandant Kapitän zur See K. C. Hoffmann) unter Führung von Admiral Marschall von Schillig Reede zu einem Vorstoß nach Norden aus. Ihre Aufgabe ist, englische Bewachungsstreitkräfte in der Enge zwischen den Faröern und Island zu vernichten und nach Möglichkeit weiter nach Westen vorzustoßen, dort aufzuklären und ggf. deutschen auf dem Heimweg befindlichen Handelsschiffen zu helfen. Starker Nordsturm zwingt zunächst zu einer Fahrtverminderung auf 20 kn. Der Wind flaut aber am 23. ab und ermöglicht uneingeschränkten Waffengebrauch. Mittags kommt, erstmalig seit dem Auslaufen, ein Schiff in Sicht, leider nur ein isländischer Fischdampfer. Der Verband dreht bald darauf auf westlichen Kurs und fährt mit weitem Abstand in Dwarslinie. Gegen 16.00 Uhr kommt eine Rauchfahne in Sicht, unter der langsam ein großer, grauer Passagierdampfer erkennbar wird. Standort und Bewegungen lassen ihn als Hilfskreuzer ansprechen.

Er läuft, auf einen Warnungsschuß der *SH*, ab und nebelt sich durch Schornsteinqualm und über Bord geworfene Nebelfässer ein, auch versucht er, sich durch häufige Kursänderungen dem inzwischen einsetzenden Feuer der Artillerie des Schwesterschiffes zu entziehen. Da die *Scharnhorst* dem Gegner durch ihre Stellung in der Dwarslinie erheblich näher steht, liegt ihre Artillerie als erste und wirkungsvollste am Ziel, während die *Gneisenau* erst später eingreift. Der Hilfskreuzer, 16 601 BRT groß, 8 : 15-cm-Geschütze, stellt sich später durch Gefangenenaussagen als der bekannte Passagierdampfer *Rawalpindi* der P & O-Linie heraus, der

Oben: Freizeit an Deck. Rechts oben: 28 cm-Turm beim Abschuß. Der Pulverdampf sieht kurz nach dem Abschuß aus wie eine Blume.

Rechts: Besatzung in Parade-aufstellung.
Rechts unten: Aufbauteil mit Gefechtsmast. Rechts Turm Bruno, anschließend Brükkenaufbau, darunter Stb Kutter, nach links 15 cm-Doppelturm, ganz links 15 cm-Geschützrohr einer Einzellafette, darüber eine 10,5 cm-Doppelflak; schräg darüber der runde Stb vordere Fla-Leitstand mit Admiralsbrücke darüber.
Ganz oben Vormars mit Artillerieleitstand, 10,5 cm-Entfernungsmeßgerät und Gefechtsstation des Flak-AO.

Oben: Der neue Flottenchef Admiral Marschall und der Flottening. Kapitän zS (Ing.) Dipl.-Ing. Fröhlich.

Rechts oben: Februar 1940: Verbindung zwischen Schiff und Land nur über das Eis.

Rechts: Im Winter auf der Brücke: von links: der neue Kommandant, Kapitän zS Netzbandt, der NO Korvetten-kapitän Busch, mit Rückenansicht der I. AO Fregattenkapitän von Buchka und der I. O Fregattenkapitän Schönermark.

Rechts unten: Der LI Korvettenkapitän (Ing.) Nötzold bei einer Besprechung im Maschinenleitstand.

Nach dem Treffer eines U-Boot-Torpedos beim Auslaufen aus Drontheim.

Das Bordflugzeug kehrt von einem Aufklärungsflug zurück. Im Kielwasser: das Schlachtschiff *Scharnhorst*.

Im Kieler Schwimmdock sieht man es genau: Die Trefferwirkung erstreckt sich bis an den Kiel.

Geschützreinigen im Turm Anton: Durchwischen der Rohre.

Nachtschießen der Mittelartillerie gegen Zielschiff *Hessen*.

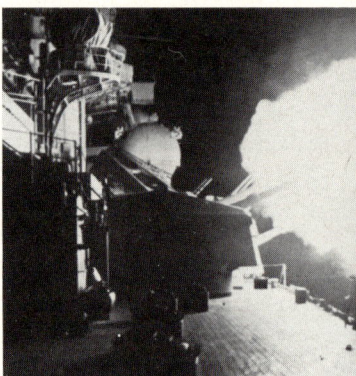

Tanker *Simnia*, 6 200 BRT, wird am 15. 3. 1941 im Atlantik versenkt.

zwischen England und Ostasien verkehrt. Dieses Schiff ist kein eigentlicher Gegner für ein Schlachtschiff. Er versinkt in 14 Minuten in den Fluten. Es ist aber sehr wichtig, daß er nicht durch Funken, durch das Feuer seiner Artillerie und durch Schiffsbrand andere, größere Gegner heranlockt.

Die Besatzung der *Rawalpindi* verteidigt sich tapfer, immer und immer wieder sieht man zwischen brennenden Schiffsteilen das Aufblitzen von Abschüssen. Und dann mehrere Male ein Morsesignal »Please, send a boat!« (Schicken Sie bitte ein Boot), was zu tun uns nicht möglich ist. Wir nehmen aber ein längsseit kommendes Boot mit Überlebenden in Empfang und lassen die Männer über Jakobsleitern an Bord kommen, gleiches geschieht auch auf der *Scharnhorst*. Der größte Teil der Besatzung geht mit dem Schiff in die Tiefe.

Es war die erste Unternehmung der beiden Schiffe mit scharfem Schuß, wenn auch auf einen ungleichen, unterlegenen Gegner. Das Gefecht vermittelt aber ein Bild, wie sich auch ein stark unterlegener Gegner nicht ergibt, sondern sich verteidigen und verbissen bis zum Ende kämpfen kann. Die deutschen Besatzungen erleben voller Hochachtung, wie der Gegner bis zum Ende kämpft und sein Schiff mit wehender Flagge untergeht.

Die *Scharnhorst* hat sogar einen Treffer auf die Schanze erhalten.

Zwei Zeugnisse über dieses Gefecht sollen erwähnt werden.

Einige der Überlebenden versuchen, ihren Dank für Rettung und Aufnahme schriftlich auszudrücken durch einen, der Lage entsprechend einfachen Brief mit folgendem Text (in Übertragung):

»*Von den Überlebenden HMS ›Rawalpindi‹.*
An den Kommandanten, die Offiziere und Besatzung des Schlachtschiffes ›Gneisenau‹.
Wir möchten Ihnen herzlich für die menschliche und

freundliche Aufnahme und auch für die liebenswürdige Art danken, mit der Sie uns behandelten, seit wir als Kriegsgefangene auf Ihrem Schiff sind.

Wir hätten unsere Lage nicht besser und wohltuender empfinden können, wenn wir Ihre Gäste gewesen wären.«

(Unterschrieben von einem Bootsmann und 19 Mannschaften mit Namen und Dienstgrad).

Geht man in London am nördlichen Themseufer spazieren und kommt man bis zu den Anlagen unterhalb des berühmten Tower, sieht man unmittelbar an der Kaimauer eine kleine Anlage mit einem Fallreep, wie man es auf größeren Kriegs- und Handelsschiffen verwendet, um Personen eine bequeme Möglichkeit zum An- und Vonbordgehen auf z. B. längsseits liegende Boote zu geben. Dieses hier sichtbare Fallreep ist im allgemeinen hochgeheißt, also nicht benutzbar. Eine große schwarze Tafel neben dieser Anlage enthält folgenden erläuternden Text:

Dieses Fallreep gehörte zur Friedensausrüstung des P. & O. Passagierdampfers »Rawalpindi«.

Als bewaffneter Hilfskreuzer unter dem Kommando des Kapitäns zur See der britischen Marine R. C. Kennedy griff er, auf sich selbst gestellt, zwei deutsche Schlachtschiffe in einem tapfer durchgeführten Gefecht südlich von Island am Abend des 23. November 1939 an; er sank mit wehender Flagge mit der Mehrzahl der Besatzung.«

Weiter ist auf der Tafel vermerkt:

»Der Premierminister, Mr. Neville Chamberlain, erklärte vor dem Unterhaus: Als sie den Gegner sichteten, mußten sie gewußt haben, daß sie keine Überlebenschance hatten, sie dachten aber nicht an eine Übergabe. Sie kämpften mit ihren Geschützen so lange, bis diese nicht mehr schießen konnten. Ihr Beispiel wird denen, die nach ihnen kommen, einen Antrieb geben, es ihnen gleich zu tun!« — »Laßt uns sie nie vergessen!«

Diese ergreifende Inschrift erinnert an die Versenkung der *Rawalpindi*.

Die *Rawalpindi* hatte beim ersten Sichten der beiden deutschen Schiffe Alarm gegeben und die Flottenführung in Scapa Flow sowie gleichzeitig weitere in See befindliche Seestreitkräfte unterrichtet. Die erste Sichtmeldung des Hilfskreuzers gab an »feindlicher Schlachtkreuzer in Sicht«; wenig später wurde er als die *Deutschland* bezeichnet. Die erste Meldung stimmte jedoch. Die *Gneisenau* wurde infolge des breiten Suchstreifens in Verbindung mit der einbrechenden Dunkelheit erst erkennbar, als die *Rawalpindi* keinen Funkspruch mehr abgeben konnte und kurz darauf sank. Eine unrichtige Gegnermeldung war im übrigen immer leicht möglich, vor allem bei unsichtiger Wetterlage. Die deutschen Schlachtschiffe und Schweren Kreuzer sahen sich nach einigen Umbauten außerordentlich ähnlich. Auch die Panzerschiffe hatten große Ähnlichkeit mit ihnen. Die britische Admiralität erfuhr durch diese Verwechslung erst Mitte Dezember, daß die *Deutschland* bereits seit dem 15. November wieder in Kiel war.

Obwohl Admiral Marschall in dieser langen Nacht ein beträchtliches Stück Richtung Nordsee hätte laufen können, ohne wahrscheinlich bemerkt zu werden, befürchtet er, bei Helligkeit frühzeitig durch englische Luftaufklärung erfaßt zu werden. Er entschließt sich daher, zuerst nach Osten und dann nach Norden auszuweichen. Er verhält zunächst im Seeraum von etwa 66° N und 5° O, marschiert dann nach Süden zum Durchbruch durch die erwartete britische Aufklärungslinie, macht aber am 25. um 17.00 Uhr noch einmal kehrt nach Norden um 100 sm, da er zu ungünstige Wetterverhältnisse für einen Durchbruch vorfindet.

Am 26. wird die Wetterlage mit südlichen Winden bis zu Stärken 8 bis 10 wie erhofft günstig, und die beiden Schiffe laufen nun mit hoher Fahrt nach Süden. Kein Gegner wird gesichtet, nur einige schwer in der hohen See arbeitende Fischkutter und, weit entfernt, ein kleiner Dampfer.

Ein wesentliches Verdienst an dem unbemerkten Durchbruch durch die Enge zwischen den Shetland-Inseln und Bergen hatte der Bordmeteorologe Dr. Hartung. Es gelang ihm, durch geschickte Wetterprognosen die hier und dort auftauchenden Schlechtwettergebiete genau vorauszusagen und für die Kurse beim Rückmarsch nutzbar zu machen. Er bewies auch bei späteren Gelegenheiten sein großes Geschick bei der Beherrschung dieses so wichtigen Sachgebietes.

Bei der hohen Fahrt gegen eine schwere See nehmen *Gneisenau* und *Scharnhorst* viel Wasser über. Auf beiden Schiffen fallen die Türme Anton durch Feuchtigkeit und Kurzschluß aus, auch andere Seeschäden an Waffen werden festgestellt. Dennoch: die Schiffe erreichen ohne Feindberührung die heimischen Gewässer und ankern am 27. November mittags auf Wilhelmshaven Reede.

Durch den B-Dienst (Funkbeobachtungsdienst) ist zu erfahren, daß große Teile der englischen Flotte auf der Suche nach den *Rawalpindi*-Angreifern in See gegangen waren; das lange Warten weit im Norden lohnte sich. Während die *Scharnhorst* in Wilhelmshaven ihre Seeschäden repariert, geht die *Gneisenau* durch den Kaiser-Wilhelm-Kanal zum gleichen Zweck nach Kiel. Sie erledigt gleichzeitig eine planmäßige Werftüberholung. Der Verfasser dieses Buches, zunächst Kommandeur des Besatzungsstammes der *SH* und von der Indienststellung am 7. Januar 1939 an deren II. Artillerieoffizier, wird am 7. Dezember in gleicher Stellung auf die *GU* versetzt.

Gleiche Schiffe, gleiche Aufgaben, aber eine neue Besatzung. Schnelles Einfügen ist Voraussetzung.

Am 15. Dezember geht die *GU* zum Einsetzen neuer Schrauben und Durchführen kleinerer Reparaturen ins Schwimmdock, um am 29. Dezember wieder auszudocken.

Ruhiger Jahreswechsel.

Am 3. Januar für acht Tage in den Scheerhafen zum Abstimmen der Artillerieanlagen. Es wird sehr kalt, zunächst ohne Schnee. Am 15. Januar: Auslaufen in die Kieler Bucht zu ersten Übungen nach langer Liegezeit. Es wird langsam kälter, trotz Schneesturmes gelingen am 8. Januar Tag- und Nachtabkommschießen. Das Schiff läuft für zwei Tage wieder ein, Kälte und Eis nehmen zu. Der Bootsverkehr im Hafen muß eingestellt werden, nur noch Schlepper verkehren zwischen Schiffen und Land. Der Sperrlotsendienst an Belten, Sund und Gjedser Sperre geht wegen Eislage ein. Am 27. Januar gemeinsames Auslaufen mit der *SH* nach Osten. Das Eis stört, ist aber für unsere großen Schiffe passierbar. Meilenfahrten vor Neukrug (auf der Frischen Nehrung). Anschließend Kaliberschießen der beiden Schlachtschiffe mit Schwerer Artillerie gegeneinander »mit verlegtem Treffpunkt«. Sehr erfolgreiche Durchführung. Zurück nach Kiel. Die Kieler Bucht ist voll von dickem Eis. Der Versuch, einen Dampfer vor Schleimünde aus dem Eis zu befreien, gelingt nicht. Die *GU* kommt nicht bis zu ihm durch. Das Schlachtschiff boxt sich mühselig durch das dicke Eis in den Hafen hinein und bleibt dort unterhalb Hotel Bellevue im Eis gut und sicher liegen. Vom nächsten Morgen ab läuft der gesamte Verkehr zwischen der *GU* und dem Land nur noch über hölzerne Planken, die auf das Eis verlegt sind und durch Läuferlaternen nachts den Weg zum Schiff anzeigen.

Nach zwei Tagen gelingt es mit vielen Schraubenmanövern, das Schiff langsam im dicken Eis zu drehen und in die Schleuse hinein zu steuern, was insgesamt 2½ Stunden dauert. Um 10.00 Uhr aus der Schleuse, mit wenig Fahrt durch den vereisten Kanal, der glücklicherweise für sonstigen Verkehr gesperrt ist. Nachts in Brunsbüttel, weiter am nächsten Morgen, dann Ankern bei Feuerschiff Elbe 3, um u-bootgefährdetes Gebiet in der Nordsee erst bei Dunkelheit zu passieren. Bei pechschwarzer Nacht geht die *GU* ankerauf. Nach schwieriger Überfahrt nach Wilhelmshaven ankert das Schiff dort am 6. Februar früh. Unregelmäßige Schraubengeräusche deuten darauf hin, daß die Steuerbord-Schraube wahrscheinlich bei der Eisfahrt durch den Kanal beschädigt worden ist. Die *GU* dockt daher am 10. Februar ein, was recht schwierig ist, da erst das Eis auf dem Boden des Schwimmdocks beseitigt werden muß. Am nächsten Morgen wird deutlich, daß beide Außenschrauben stark verbogen sind.

Ganze größere Teile sind herausgebrochen. Zu reparieren ist das nicht. Beide Schrauben müssen ersetzt werden. Sie sind bereits auf dem Wege nach Wilhelmshaven. Am 15. Februar kann vermerkt werden: Auswechseln der Schrauben und Ausdocken.

Am 16. verholt das Schiff in die 3. Einfahrt und füllt wieder den Ölbestand auf. Die Decken der drei 28-cm-Türme werden gelb gemalt; so sind die Schiffe besser aus der Luft, vor allem bei nicht völlig klarem Wetter, als deutsche Einheiten zu erkennen als durch einen weißen Kreis auf Turm A und den weißen Ball auf der Schanze.

Nachmittags steigt die Flotte mit Unterstab und allem Zubehör ein. Es wird also wieder losgehen. Gleichzeitig steigen unsere chinesischen Wäscher für die Dauer der Unternehmung auf die *Gazelle* um. Sie sind Angehörige eines neutralen Staates und sollen nicht während Kampfhandlungen an Bord sein; das deutsche Zivilpersonal jedoch — Schuster, Schneider, Friseure, Stewards, Köche — bleibt auch bei Gefechtshandlungen an Bord und findet als Hilfskrankenträger Verwendung.

Am 17. abends Auslaufen und Ankern vor Wangerooge. Am 18. gegen Mittag wieder ankerauf. Der Verband besteht aus den Schlachtschiffen *Gneisenau* und *Scharnhorst*, dem Schweren Kreuzer *Admiral Hipper* und den Zerstörern *Wilhelm Heidkamp*, *Karl Galster*, *Wolfgang Zenker*, dazu vier weiteren, die sich aber später zu einer eigenen Handelskrieg-Unternehmung im Kattegatt trennen. Während an der Küste noch dichtes Eis lag, ist weiter nördlich klares Wasser und herrliches, sonniges und ruhiges Wetter. Mit 25 kn geht es weiter nach Norden. Abends muß leider die *Wolfgang Zenker* wegen plötzlichen Wassereinbruchs in einer Abteilung nach Hause geschickt werden. Bei sehr heller Nacht (halbem Mond) weiter nach Norden durch die Shetland-Enge. Auf große Entfernung wird ein aufgetauchtes U-Boot gesichtet, wahrscheinlich ein deutsches. Bei Morgengrauen ist außer vielen Fischdampfern mit holländischer Flagge nichts zu sehen. Zur Tarnung wird die englische Kriegsflagge gesetzt, ein international erlaubtes Mittel zur Gegnertäuschung. Selbstverständlich muß diese Flagge niedergeholt und die deutsche gesetzt werden, bevor der erste Schuß fällt.

Vormittags, es ist inzwischen der 19. Februar, setzen beide Schlachtschiffe zur Aufklärung ein Bordflugzeug ein, leider ohne Ergebnis. Da es langsam aus Süden aufbrist, ist das Wiedereinsetzen der Flugzeuge nicht einfach. Sie stehen aber nach schwierigem Manöver schließlich ohne Bruch wieder auf ihren Schleudern.

Nachmittags Rückmarsch, da mit feindlichem Geleitzug doch nicht mehr zu rechnen ist und Rücksicht auf den Brennstoffbestand der Zerstörer genommen werden muß. Nachts Alarm, ein U-Boot in Sicht, es kann nach Lage nur ein Gegner sein; es taucht bald und wird von *Wilhelm Heidkamp* mit Wasserbomben beworfen, ohne daß ein Ergebnis erkennbar wird. Je weiter wir nach Süden laufen, desto kälter wird es. Bei Hellwerden am 20.: Aufnahme des Verbandes durch drei weitere Zerstörer; abends, bei Hochwasser, erfolgt das Einschleusen in Wilhelmshaven. Da der normale Liegeplatz am Fliegerdeich nicht genügend Wasser hat, muß, wie üblich, in der Schleuse an einen in der anderen Kammer liegenden Tanker wieder Öl abgegeben werden.

Die Unternehmung war leider erfolglos. Nach dreimonatiger Pause war es aber für alle Teile der Besatzung erfrischend, wieder zur See zu fahren und auf den Gefechtsstationen die notwendige Sicherheit zu erneuern.

Am 22. nimmt ein Kran die achtere Flugzeugschleuder, die auf der Decke vom Turm Cäsar montiert war, wieder von Bord, desgleichen den großen Umsetzkran achtern, der zur Bedienung der Schleuder gehört. Das Landesegel ist schon vorher abgenommen worden. Die *GU* kann jetzt nur noch ein Flugzeug mitnehmen, das auf dem Katapult gut gesichert steht, während die *SH* und die *HP* drei mitführen, je eins auf dem Katapult und je zwei in der Flugzeughalle, die die *GU* erst später bekommen soll.

Wieder sehr helle Nacht. Die zum Schutz von Stadt und Hafen montierten Ballons sind, von unten gut sichtbar, »kurzstag«, um bei Angriffen schnellstens auf die dann notwendigen Höhen gebracht werden zu können.

Marinemaler Adolf Bock ist zwei Tage an Bord, um im Auftrage des ObdM ein Bild des Schiffes zu malen. Vor einem Jahr war er auf der *Scharnhorst*, um ein großes Gemälde des Schiffes als Geschenk an das Artillerie-Regiment »Scharnhorst« in Hannover zu schaffen. Adolf Bock ist ein angesehener Maler, vor allem von Schiffen und Seestücken.

Die *GU* verholt für einige Tage auf Schillig Reede zum Flak-Schießen. Die in Frage kommenden Flugplätze sind aber derart aufgeweicht, daß keine Maschine starten kann.

Seit sechs Wochen liegt die *GU* mit ihrem Schwesterschiff in Wilhelmshaven, kürzere Zeit in der Werft zu notwendigen Reparaturen, einige Tage im Schwimmdock zur Untersuchung und zum Austausch der Schiffsschrauben, die längste Zeit aber auf Reede mit eingeschränkter Landverbindung, die nur durch Schlepper erfolgt, im übrigen aber ist das Schiff klar für jede Art Unternehmung. Die Zeit wird ausgenutzt zur Ausbildung an den Waffen; seit der Weihnachtszeit neu an Bord gekommene Soldaten aller Dienstgrade haben sich voll in den Dienstbetrieb eingelebt und stellen ihren Mann auf ihren Gefechtsstationen. Auch einige ältere Offiziere haben gewechselt; der Kommandant Kapitän zur See Erich Förste, unter dem die Besatzung 15 glückliche Friedensmonate erlebt hatte, wurde unter Beförderung zum Konteradmiral zum Chef der Zentralabteilung der Kriegsmarinewerft Wilhelmshaven ernannt und abgelöst durch Kapitän zur See Harald Netzbandt; als neuer Navigationsoffizier kam Korvettenkapitän Hans-Eberhard Busch, als Leitender Ingenieur Korvettenkapitän (Ing) Fritz Nötzold sowie als Schiffsverwaltungsoffizier Korvettenkapitän (V) Ernst Bethmann an Bord, der bereits vor dem Ersten Weltkrieg auf dem Panzerkreuzer *Gneisenau* gefahren war.

Überall an Bord wird in dieser Liegezeit natürlich die Frage diskutiert, welche Aufgabe dem Schiff in Kürze gestellt werden wird. Jedermann kennt den Unterschied zwischen den Linienschiffen des Ersten Weltkrieges, die zum Gefecht oder zur großen Schlacht mit den Einheiten der britischen »Großen Flotte« gebaut waren, und unseren heutigen Schlachtschiffen, die gegen die gegnerischen Verkehrswege, gegen die feindliche Schiffahrt, gegen den für England so wichtigen Nachschub eingesetzt werden sollen und dafür durch ihre große Standfestigkeit, ihren großen Aktionsradius und durch die Möglichkeit der Brennstoffergänzung aus den im Atlantik aufgestellten Versorgern hierfür besonders geeignet sind. *Graf Spee* hat in den kurzen Monaten bis zu ihrem tragischen Ende durch ihre großen Erfolge gezeigt, wie ein geschickt geführtes Kriegsschiff, weitab von den heimischen Gewässern, der feindlichen Handelsschiffahrt Schaden zufügen kann. Ob wir vor mehr »militärische« Aufgaben gestellt werden, z. B. intensive und längere Versuche, die Bewachungslinien Bergen — Shetlands und Island — Faröer aufzurollen, um deutschen Handelsschiffen und Hilfskreuzern einen Durchbruch vom oder zum Atlantik zu erleichtern? Fantasie sowie Kenntnis oder Unkenntnis der wahren Verhältnisse geben Anlaß zu vielerlei Gedanken über künftige Unternehmungen. Dabei ist jedermann klar, daß ein langes Liegen auf Jade, Weser und Elbe wie im Ersten Weltkrieg nicht wieder in Frage kommen kann.

Geschehnisse auf anderen Marinegebieten berühren zwischendurch die Besatzung. Am 26. Februar gibt der Kommandant bekannt, daß die Zerstörer *Lebrecht Maass* und *Max Schulz* vor einigen Tagen in der Nordsee gesunken sind; von etwa 660 Mann wurden nur 60 Mann gerettet, darunter kein Offizier. Ob der Untergang durch eine Bombe, eine Mine oder einen Torpedo erfolgte, ist noch unbekannt; zwei schwere Verluste, die ersten, seitdem monatelang unsere Zerstörer vor der englischen Ostküste, vor allem auch vor der Themsemündung, ohne Störungen Minen geworfen haben.

Doch dabei bleibt es nicht.

Am 12. März geht *U 31* auf Schillig-Reede bei Tauchversuchen durch Bomben eines plötzlich aus den Wolken herabstoßenden Flugzeuges verloren; kein Geretteter.

Am 13. März setzt die *GU* die Vizeadmiralsflagge von Admiral Lütjens, der den erkrankten Flottenchef länger vertritt.

Es liegt etwas in der Luft. Am 5. April früh sind einige englische Aufklärer über der Jade, andere abends. Der Kommandant hat vorgeschlagen, mit einem von ihm gemieteten Omnibus einen Ausflug nach Varel zu unternehmen. Es gibt wenige, die das nicht für eine Tarnung halten, denn: Offiziere und Mannschaften, deren Artillerie-Lehrgang am 8. in Kiel beginnt, werden an Bord plötzlich und unmotiviert zurückbehalten. Am 6. spricht Vizeadmiral Lütjens, der stellvertretende Flottenchef, zur Besatzung. Er weist auf eine bevorstehende große und wichtige Aufgabe hin, ohne Einzelheiten bekanntzugeben. Abends bringt der Flottentender *Gazelle* den Flottenstab mitsamt Akten. Wir wissen nun, daß es in Kürze losgehen wird. Um 24.00 Uhr: »Alle Mann achteraus« zur Ansprache des Kommandanten. Im gleichen Augenblick 3/4 Stunden lang Aufklärung und Angriffe mehrerer englischer Flugzeuge, aber kein Treffer durch sie und kein Abschluß durch uns.

Der 7. April: 00.30 Uhr seeklar. Auslaufen mit der *Scharnhorst*; das seit dem Februar 1940 in einen Schweren Kreuzer umbenannte Panzerschiff *Lützow*, die frühere *Deutschland*, sollte dabei sein, bleibt aber länger in der Werft, um vor beabsichtigter Atlantikunternehmung Risse in Motorenfundamenten, die sich bei hoher Fahrt plötzlich gezeigt haben, zu reparieren. Draußen kommen der Schwere Kreuzer *Admiral Hipper* und 14 Zerstörer aus der Weser hinzu, jeder von ihnen mit 200 Mann Gebirgsjägern an Bord. Der Kommandant gibt durch Bordlautsprecheranlage bekannt, daß, um Englands Landungsabsichten in Norwegen zuvorzukommen, deutsche Truppen in verschiedenen norwegischen und dänischen Häfen am 9. April um 05.00 Uhr gelandet werden sollen. Unter unserem Schutz werden zehn Zerstörer unter Führung von Kommodore Bonte bis zum Vestfjord, südlich der Lofoten, und dann allein nach Narvik zur Durchführung ihrer Aufgabe gehen, während die *Admiral Hipper*, mit Konteradmiral Schmundt an Bord, und vier Zerstörer Drontheim besetzen.

Das Wetter ist zunächst verhältnismäßig gut, SW 4, Sicht 20 000. Nachmittags auffrischend, Sichtverschlechterung.

Um 14.30 Uhr greifen zwölf englische Bomber an, etwa 1500 m. Sie fliegen von Osten nach Westen, werfen mehrere Bomben, die aber nicht treffen. Aber auch die Bordflak verfehlt alle dargebotenen Ziele. Sehr mageres Ergebnis, auch unter Berücksichtigung des starken Schlingerns. Später wird bekannt, daß diese Maschinen zu den 24 Flugzeugen gehörten, die einen vergeblichen Angriff gegen Sylt geflogen haben.

Der Wind brist erheblich auf. Bei Stärke 8 dreht er nach Süden. Es ist sehr dunkel, Neumond. Der Verband steht um 22.00 Uhr westlich Bergen; Formation: die drei großen Schiffe, dahinter in Kiellinie die 14 Zerstörer.

Am 8. April um 06.00 Uhr auf der Höhe von Drontheim, 30 sm von der Küste entfernt: Die Zerstörer, aber auch die großen Schiffe arbeiten stark in der schweren achterlichen See. Die Landungstruppen müssen ziemlich seekrank sein, aber auch Hochachtung vor der Seefahrt und vor ihren Marinekameraden bekommen haben. Die Verbindung durch UK zwischen den Schiffen und Zerstörern funktioniert ausgezeichnet; wieviel werden in der Nähe stehende Engländer davon mitbekommen? Der britische Zerstörer *Glowworm*, zunächst im Gefecht mit *Bernd von Arnim*, wird schließlich durch die *Admiral Hipper* vernichtet, wobei der Engländer zum Schluß noch den

Kreuzer rammt. Der Kommandant kann nicht gerettet werden, er erhält nach seinem Tode das »Victoria Cross«, den höchsten britischen Tapferkeitsorden.

Der Rundfunk berichtet, daß England einen großen Teil des Vestfjord zum Warngebiet erklärt und dort Minen geworfen hat. Gleichzeitig ergeht eine Mitteilung an die Schiffahrt über die Einrichtung eines Bewacherdienstes, der u. a. nach oder von Narvik in die Nordsee bestimmte Schiffe durch das verminte Gebiet sicher hindurchbringen soll. Obwohl die Minen dort nicht ernst genommen werden, zeigen die Nachrichten, daß die Deutschen den Engländern zuvorgekommen sind, und daß diese nun durch solche Verzögerungen zum mindesten Zeit gewinnen wollen.

Nach der Luftaufklärung stehen die Schlachtkreuzer *Renown* und *Repulse* (je 32 000 t), ein Schwerer Kreuzer und sechs Zerstörer etwa 200 sm südlich. Sie haben je sechs 38-cm-Kanonen als SA, sind aber viel älter (beide liefen 1916 vom Stapel) und schlechter gepanzert als die beiden schweren deutschen Einheiten. Trotzdem kann ein Gefecht, das Treffer einbringt, unangenehm sein, da weder in Narvik noch in Drontheim Reparaturmöglichkeiten bestehen — falls die Besetzung gelingt und Werfthilfe notwendig werden sollte.

Abends starker NW-Sturm mit Schnee und Regen: kein genaues Besteck.

Um 21.00 Uhr wird der Führer der Zerstörer (FdZ) mit seinen Schiffen nach Narvik entlassen. Es ist für uns alle ein eigenartiges Gefühl, den Zerstörerverband langsam im Dämmerlicht und bei der geringen Sicht, bei gelöschten Feuern an den Küsten und in der Ungewißheit über etwaige Minen und sonstige Abwehr verschwinden zu sehen.

»Werden wir unsere Zerstörer wiedersehen?«

Die beiden Schlachtschiffe stehen nachts mit geringer Fahrt von der Küste ab mit generellem Nordkurs, um einzugreifen, falls notwendig. Die *Gneisenau* rollt stark. An Schlaf ist wenig zu denken. Am 9. April, 05.00 Uhr, tritt die sogenannte »Weserzeit« in Kraft, zu der nach Plan die dazu abgeteilten Schiffe in die vorgesehenen Häfen einlaufen sollen: die Alarmglocke ertönt. Alles läuft auf die Gefechtsstationen und macht die Waffen klar zum Schuß, soweit die andere Hälfte der Besatzung, die bis dahin als Kriegswache auf den Stationen war, das nicht schon erledigt hat. Wer frei an Oberdeck steht oder durch ein optisches Gerät sehen kann, stellt Bb querab ein großes Kriegsschiff in der beginnenden Dämmerung fest, das sich bald als der britische Schlachtkreuzer *Renown* erweist. Er ist am Vorabend durch unsere Luftaufklärung 200 sm südlich der deutschen Einheiten gemeldet worden, sein Erscheinen hier oben ist für die Führung daher keine Überraschung.

Der Gegner eröffnet das Feuer auf etwa 15 000 m.

Die *Gneisenau* antwortet Minuten später.

Das Feuer der Schweren Artillerie wird vom I. AO vom Vormars aus geleitet, während der II. AO vom Vorderen Artillerieleitstand aus die Mittelartillerie leitet, sobald er dazu den Befehl erhält. Zunächst aber schießt der I. AO vom Vormars aus allein mit den 28-cm-Türmen. Das Duell der beiden großen Schiffe ist spannend. Die wenigen, die an einem optischen Gerät den Gegner genauer erkennen können, versuchen zu unterscheiden, ob das Aufblitzen bei ihm ein Abschuß oder ein Treffer durch die *GU* ist. Bisweilen verdecken Schneeböen den Gegner und erschweren das Erkennen von Treffern oder Einschlägen der eigenen Artillerie.

Hier noch einmal der zeitliche Ablauf des Gefechts:

Um 05.05 Uhr war das Aufblitzen der ersten Salve des Gegners zu erkennen, die *GU*-Artillerie erwiderte das Feuer um 05.11 Uhr. Um 05.17 Uhr gab der Kommandant durch Telefon an den I. Artillerie-Offizier oben im Vormars durch: »Ihr Feuer liegt gut. Gib ihm!«

Doch keine Antwort erfolgt.

Es fällt kein Schuß. Eine Minute später wird von oben gemeldet: »Artillerieleitung aus Vormars ausgefallen!«

Sind nur Kabel zerschossen? Sind optische Geräte ausgefallen? Es dauert nur kurze Zeit, bis gemeldet wird, daß durch einen Treffer in den unteren Teil des Vormarses Granatsplitter und herausgestanzte Eisenteile des Vormars-Aufbaus den I. Artillerie-Offizier, Fregattenkapitän v. Buchka, und Leutnant (V) Fritzsche mit vier weiteren Männern getötet sowie zwei Mann schwer verwundet haben.

Gleichzeitig ist es im Vorderen Artillerieleitstand, von dem aus die Mittelartillerie, bei Bedarf aber auch die Schwere Artillerie geleitet wird, plötzlich dunkel geworden. Es stellt sich bald heraus, daß Splitterteile beim Treffer durch den Vormars auch die Optiken des vorderen und des Bb-Zielgebers zerstört haben, so daß diese für die Leitung der Seezielartillerie ausfallen. Da das Gefecht an unserer Bb-Seite durchgeführt wird, bleibt nur übrig, die Seezielartillerie auf die Zielgeber des achteren Standes zu schalten, von wo der III. Artillerieoffizier, Korvettenkapitän Bredenbreuker, das Gefecht fortführt. Er kann allerdings nur wenige Salven mit dem Turm Cäsar schießen, da der Gegner langsam achteraus sackt und hin und wieder hinter Schneeböen verschwindet. Die beiden vorderen Türme, bei dieser achteren Schußrichtung in Hartlage, können in das Gefecht daher nicht mehr eingreifen.

Der II. Artillerieoffizier, Korvettenkapitän Kähler, übernimmt nach dem Tode des I. AO die Gesamtleitung der Artillerie. Eine erste Bestandsaufnahme ergibt:

1. Treffer: 38-cm-Geschoß durchschlägt den Vormarsmast unterhalb der Vormarsplattform; da sie glücklicherweise keinen empfindlichen Kopfzünder hat, detoniert die Granate erst nach Durchschlagen des Mastes auf dessen anderer Seite. Die Splitter töten (wie schon beschrieben) sechs Mann im Vormars und verwunden zwei weitere, durchschlagen mehrere Artilleriekabel, beschädigen die Optiken zweier Zielgeber im Vorderen Artillerieleitstand und eine Reihe anderer, frei liegender Kabel.

2. Treffer: 11,4-cm-Geschoß detoniert am Turm Anton und zerstört die Bb-Haubentür des Entfernungsmeßgerätes, die dabei abgeschlagen wird, so daß die schwere See durch diese große Öffnung in den Turm eindringen kann.

3. Treffer durch ebenfalls ein 11,4-cm-Geschoß, das die Bb achtere Flak leicht beschädigt. Sie kann aber direkt weiter gerichtet werden.

Besonders ernst ist wieder das Eindringen von Wasser durch natürliche Öffnungen, vor allem durch die immer wieder zerreißenden Rohrhosen. Nach offizieller britischer Darstellung hat die *Renown* zwei schwere Treffer erhalten, die aber keinen Schaden angerichtet haben.

Das Artilleriemechanikerpersonal der *Gneisenau* ist pausenlos beschäftigt, um die Trefferschäden zu beseitigen, und der Vormars z. B. ist am nächsten Abend mit allen drei Zielgebern wieder klar.

Der Verband weicht weiter nach Norden aus, erreicht am 10. morgens etwa 70° N, 7° O. Um die Seekriegsleitung und die Gruppe West über Lage und Absichten zu unterrichten, wird ein Flugzeug der *SH* mit verschlüsseltem Funkspruch in den Raum Drontheim geschickt, Entfernung rd. 990 sm, für ein Bordflugzeug eine gute Leistung. Es kommt in die Nähe von Drontheim, und der Funkspruch wird richtig abgesetzt.

Durch den deutschen Nachrichtendienst und die Funkentzifferung werden manche unerfreulichen Nachrichten bekannt. Der Schwere Kreuzer *Blücher* ist durch den Beschuß von Landbatterien und Unterwassertorpedos aus einer in einem Unterwasserfelsen fest eingebauten, für drei Torpedos eingerichteten Torpedobatterie in der Dröbak-Enge, Südteil Oslofjord, gesunken. Der Leichte Kreuzer *Karlsruhe* ist durch einen U-Boottorpedo und der Leichte Kreuzer *Königsberg* ist durch Bomben versenkt worden. Alle zehn Zerstörer in Narvik sind abgeschnitten. Einige sind bereits im ersten Gefecht gesunken, andere haben keine Aussicht, wieder herauszukommen, da im Vestfjord ein Versorgungstanker durch die Engländer versenkt worden ist.

Das Ziel aber wurde erreicht: alle sechs vorgesehenen Häfen sind in deutscher Hand. Die ausgeschifften Soldaten vom Heer, darunter auch die Gebirgsjäger des Generals Dietl, sind aber noch an verschiedenen Stellen im Kampf gegen norwegische und gelandete englische Truppen.

GU und *SU* sind am 12. April auf dem Rückmarsch, bei Hellwerden stehen sie querab der Orkney-Inseln. Sie laufen weiterhin 26 kn. Nur einige Fischer sind zu sehen. Vormittags ist ein englischer Fühlungshalter über den Schiffen, der den Verband sofort meldet, worauf, wie durch B-Dienst zu erfahren, vier Staffeln Bomber starten und angreifen sollen, die Schiffe aber nicht finden. Mittags taucht die *Admiral Hipper* aus dem Nebel auf und schließt sich an, hat aber Schwierigkeit, ihrer Brennstofflage wegen die Fahrt zu halten. Der alte Nachteil bei diesen neuen Schweren Kreuzern ist deren verhältnismäßig geringer Brennstoffbestand, der jede gemeinsame Unternehmung mit Schlachtschiffen erschwert, die in See mit ihren fast 6000 t Öl erheblich unabhängiger von Tankern sind.

Abends Einlaufen Jade.

Eine sechstägige Unternehmung ist beendet.

2850 sm sind zurückgelegt worden, gegenüber 2650 beim Island-Vorstoß im November 1939. Die Marine hat schwere Verluste erlitten. Die Besetzung von sechs wichtigen Häfen aber ist gelungen, das Hauptziel erreicht. Der ObdM hatte von vornherein mit schweren Verlusten der Marine gerechnet. Sie sind jedoch geringer, als von den operativen Stellen der Skl befürchtet worden war, das vor allem, weil die Überraschung fast 100%ig gelang und die deutschen Verbände den britischen Einheiten, denen das gleiche Ziel mit gleichen Aufgaben befohlen worden war, zuvorgekommen sind.

Am 21. April werden die Gefallenen vom 9. April unter großer Beteiligung der Spitzen der Marine auf dem Ehrenfriedhof in Wilhelmshaven beigesetzt.

Am 23. April wird auf die Jade verholt, zwölfstündige Bereitschaft, die zeitweise auf dreistündige verkürzt wird, ohne daß ein Grund bekannt wird. Am 26. April geht das Schiff zu kurzer Dockzeit nach Bremerhaven in das große »Kaiserdock II«, das einzige für diese großen Schiffe ausreichende Trockendock in Deutschland. Es gehört dem Norddeutschen Lloyd und wurde seinerzeit zur Aufnahme der großen Passagierdampfer *Europa* und *Bremen* gebaut. Am 29. April verlegt die *GU* nach dem Ausdocken zurück nach Wilhelmshaven.

Am 30. April haben die von Oslo und Drontheim anrückenden deutschen Truppen bei Stören Fühlung miteinander bekommen; damit ist die Verbindung zwischen diesen beiden größten norwegischen Städten in deutscher Hand. Das ist ein militärischer und auch ein wirtschaftlicher Erfolg. Zwei Tage später ist die Bahn von Oslo nach Bergen in deutscher Hand; auch für die Marine ist es ein wichtiger Fortschritt, da der Wirtschafts- und Truppenverkehr zwischen beiden Städten nicht mehr wie bisher ausschließlich über See laufen muß.

Am 4. Mai geht ein Fernschreiben der Flotte mit dem Befehl ein, daß beide Schlachtschiffe mit der *Admiral Hipper*, dem Leichten Kreuzer *Nürnberg* und drei Zerstörern beschleunigt zu Übungen in die Ostsee gehen sollen. Da der Tiefgang der Schlachtschiffe für den Kaiser-Wilhelm-Kanal zu groß ist, muß vorher Brennstoff abgegeben werden. Am 5. Mai ist 09.00 Uhr seeklar. 11.47 Uhr ereignet sich vor der Elbemündung am Heck eine Detonation, anscheinend eine kleinere U-Boot- oder Flugzeugmine. Alle Schnellschlüsse fallen sofort aus, damit auch alle Hauptturbinen und die meisten Hilfsmaschinen, soweit sie von Strom abhängig sind. Die Anlagen werden aber bald wieder klar. Das Schadensergebnis: Stb-Wellentunnel und zwei Lasten in Abt. II laufen voll. Da die Schraubenwelle anscheinend klar ist und das Vollaufen der genannten Räume nicht viel Bedeutung hat, ist das Ergebnis an sich gering. Es bleibt aber trotzdem die bedauerliche Tatsache, daß durch die Detonation dieser kleinen ferngezündeten Mine die gesamte Artillerie mit einem Schlag ausgefallen und erst nach einer Reihe von Minuten wieder einsatzklar ist.

Der Verband marschiert jetzt hinter einem Logger und dem Minensuchboot *M 98* mit Kabel-Fernräumgerät (KFRG) bei langsamer Geschwindigkeit gegen den auslaufenden

Strom. Er kommt erst bei Niedrigwasser infolge des Zwangsaufenthaltes durch die Minendetonation über die flachen Stellen zwischen Cuxhaven und Brunsbüttel und sitzt dort auch prompt einige Stunden fest. Am nächsten Tag, dem 6. Mai, geht es mit Kopfschlepper hinter einem M-Boot mit Räumgerät durch den Kanal und abends gleich ins Schwimmdock an der Schwentine. Eine Untersuchung ergibt, daß äußerlich nur einige kleinere Risse zu sehen sind, wahrscheinlich aber sind Spanten und andere tragende Verbände beschädigt. Die Schiffsführung wird mit einer Reparaturdauer von 14 Tagen rechnen müssen.

Anfang Mai wird das britische U-Boot *Seal*, nachdem es, durch Seeflieger angegriffen, tauchunfähig gemacht worden ist und sich ergeben hat, nach Kiel zur Überholung und Untersuchung eingeschleppt. Es ist ein großes Boot, 1500 t, als Schulboot wohl besser geeignet als für Frontzwecke.

Die SA-Türme der *Gneisenau*, bis jetzt als Erkennungs- und Unterscheidungsmerkmal für Flugzeuge auf Turmdecken gelb gestrichen, werden jetzt auf allen Schiffen rot angemalt.

Nachdem das Schiff gestern, am 21. Mai, bei einem Verholversuch auf Untiefe, querab der Deutschen Werke, sitzengeblieben ist, gelingt heute das Verholen an die Boje A12, an der Munition übernommen wird. Am 23. Auslaufen nach Osten, bis Bornholm hinter *Nautilus* mit ihrem KFRG.

Vor Gotenhafen finden Überlaufversuche über Magnetminen zum Erproben der nun auch auf der *GU* eingebauten und rund um das Schiff laufenden Kabelbündel-MES-Anlage, die die Magnetwirkung der Magnetminen aufheben soll. Aufgrund bisheriger Erfahrungen scheint es ein gutes Mittel gegen die vielen auch von den Engländern geworfenen Magnetminen zu sein.

Alle freuen sich auf ein schönes Wochenende in Gotenhafen, das weiter wie in tiefem Frieden liegt. Mit schöner Umgebung. Noch ohne Verdunkelung. Mit noch voller Stadtbeleuchtung.

Anschließend Flakschießen vor Pillau und Kaliberschießen gegen das Zielschiff *Hessen* in der Nähe von Bornholm mit guten Ergebnissen. Dann zwei Tage Kiel, und am 4. Juni geht es los zur nächsten Unternehmung unter Führung des wieder genesenen Flottenchefs Admiral Wilhelm Marschall: Beide Schlachtschiffe, Schwerer Kreuzer *Admiral Hipper* mit Konteradmiral Schmundt und vier Zerstörern unter Führung des FdZ Kapitän zur See Bey: *Hans Lody* (v. Wangenheim), *Hermann Schoemann* (Detmers), *Erich Steinbrinck* (Johannesson) und *Karl Galster* (v. Bechtolsheim). Zusätzliches U-Bootgeleit durch die Torpedoboote *Jaguar* und *Falke* bis Skagen. Der Verband marschiert bei sehr gutem Wetter hinter einem großen Sperrbrecher bis Südende Großer Belt, wo sich der Führer der Minensuchverbände Ost, Konteradmiral Stohwasser, mit seinem Führerboot *Hay* vor die Schiffe setzt.

Der Kommandant gibt der Besatzung das Ziel der Unternehmung bekannt: Unterstützung der Gruppe Narvik und der — von Bodö nach Norden vorstoßenden — Gruppe Feurstein durch Angriff auf feindliche Seestreitkräfte und Transporter, vor allem bei Harstad. Als Stützpunkt ist Drontheim befohlen. Als Dauer der Unternehmung sind bis zu vier Wochen eingeplant. Eine große Aufgabe, die sicherlich Berührungen auch mit großen Feindschiffen bringen wird, da nach Aufklärungsmeldungen zwei Schlachtschiffe und zwei Flugzeugträger sowie eine größere Zahl Kreuzer und Zerstörer im Nordmeer operieren.

Der 5. Juni: Die Kampfgruppe läuft ziemlich dicht an der schwedischen Küste entlang und geht unter Geleit der 1. R-Flottille durch die Skagen-Sperrlücke, sie holt wegen eines gemeldeten Feind-U-Bootes weit nach Westen aus und geht dann auf nördliche Kurse. Es herrscht eine außerordentlich gute Sicht. Ein Flugzeug wird auf 60 km ausgemacht und gemessen, die norwegische Küste ist mit bloßem Auge auf 85 bis 90 km gut zu erkennen. Am 6. Juni wird die Sicht sehr schlecht, teilweise nebelig, dabei ist die Nacht so hell, daß man ohne Schwierigkeit auch die kleinen Schriftgrade lesen kann. Die Schiffe passieren außer Sicht Stadlandet, später mehrere Drontheim vorgelagerte Inseln. Sie steuern Treffpunkt mit dem Tanker *Dithmarschen* an, einem der neuen, schnellen Marinetanker, der um 19.00 Uhr erreicht wird. Die drei Schiffe und der Tanker geben an die Zerstörer je 400 t Öl ab. Die *GU* ist schnell fertig, sie hat nur vier Stunden zur Beölung gebraucht.

Der 7. Juni: Taghelle Nacht. Die Sonne geht nicht mehr unter, sie bleibt heute etwa 1° über der Kimm. Mit 45° und 5 bis 7 kn steuern die Schiffe langsam nach Nordosten, bis *Admiral Hipper* gegen Abend ihre Ölübernahme beendet hat. Noch immer herrscht eine fantastische Sicht bei wenig Wind aus West. Das Thermometer zeigt 3° über Null.

Für das Unternehmen gegen Harstad am 9. früh ist die Sicht einfach zu gut. Die Schiffe werden schon auf 25 sm zu sehen sein. Mittags steht der Verband auf 68° 45′ Nord, 1° 17′ Ost.

Abends ist schönstes Frühlingswetter. Leise Dünung, kühl, kein Wind. Um 20.30 Uhr ist Sitzung der Kommandanten und Chefs beim Flottenchef auf der *Gneisenau*. Sie kommen von allen Seiten längsseit. Der Verband liegt während dieser zwei bis drei Stunden gestoppt in zwei Kolonnen, auf der einen Seite die drei großen Schiffe und der Versorger, auf der anderen die vier Zerstörer. Ein gutes Ziel für einen Gegner. Bomber haben aber noch nicht die dazu notwendige Reichweite, und das kalte Polarwasser läßt U-Boote bereits auf sehr weite Entfernungen durch die Unterwasserhorchgeräte feststellen. Diese Kommandanten- und Chefsitzung beim Flottenchef dauert über zwei Stunden lang. Sie bleibt allen Teilnehmern unvergeßlich, auch jenen, die nur Zuschauer draußen auf den Decks und nicht Sitzungsteilnehmer waren. Über zwei Stunden lang liegt die Flotte in zwei Reihen gestoppt, bei hellichtem Tage, wie im tiefsten Frieden. Etwa so mag Nelsons Schlachtvorbereitung gewesen sein; er ließ alle Kommandanten auf sein Flaggschiff kommen, unterrichtete sie über die Lage und gab seine Befehle, worauf die Kommandanten auf ihre Schiffe zurückfuhren.

Nun, Admiral Marschall hielt es für zweckmäßig, seine Befehlshaber und Kommandanten so weit über die Lage und vor allem über Feindnachrichten zu informieren, wie ihm dies im Augenblick noch möglich war. Tatsächlich fehlten ihm nahezu alle Kenntnisse über Minen und Netzsperren im Raum Harstad wie auch über dort oder im Raum Narvik vorhandene Schiffe. Er hatte bereits vor Wochen von der Luftwaffe frühzeitige Aufklärung und möglichst wiederholte fotografische Aufnahmen gefordert, bis jetzt aber weder von einem Luftwaffenkommando noch von der Marine etwas über die augenblickliche Lage gehört, was ihm als Grundlage für einen Angriff auf Harstad hätte dienen können. Da ihm Harstad wiederholt als Ziel der Unternehmung befohlen worden war, nahm der Flottenchef nach dieser denkwürdigen Sitzung oben im Nordmeer mit seinem Verband Kurs auf den Vaagsfjord zur Durchführung der ihm anvertrauten Aufgabe.

Am Abend des 7. Juni wird auf dem Flaggschiff endlich der Funkspruch eines Aufklärungsflugzeuges aufgenommen, nach dem es über Harstad nur von einem Kanonenboot beschossen worden sei, der Hafen scheine im übrigen leer zu sein. Die *GU* hat diesen Funkspruch nur mitgelesen, er ist weder an den Flottenchef noch an die Seekriegsleitung, sondern nur an eine Luftwaffenstelle gerichtet. Durch diesen Funkspruch, den die Seekriegsleitung leider nicht ebenfalls mitgelesen oder übermittelt bekommen hat, ist für Admiral Marschall die Angelegenheit Harstad klar. Er schreibt 1967 in einem Artikel »Unternehmen JUNO« über diese für ihn neue Lage: »Nach einem ernsten Gewissenskonflikt zwischen soldatischem Gehorsam und der eigenen Überzeugung entschloß sich der Seebefehlshaber, den Angriff (auf Harstad: der Verf.) aufzugeben und dafür auf den am besten geschützten Geleitzug ... zu operieren.«

Die Änderung des Operationsplanes wird durch ein FT-Kurzsignal an die Marinegruppe West gegeben, die sofort antwortet und befiehlt, den Geleitzug durch die *Admiral Hipper* jagen zu lassen und an der Hauptaufgabe festzuhalten. Admiral Marschall bleibt aber bei seinem Entschluß, das inzwischen »leere« Harstad nicht anzugreifen, sondern sich der Geleite anzunehmen.

Der 8. Juni: Gegen 06.00 Uhr Sichtung eines Dampfers, der bald als Tanker mit kleinem Bewacher festgestellt wird. Die Mittelartillerie der *GU* versenkt den Tanker, *Admiral Hipper* den Bewacher. Gegen Mittag wird vom Vormars auf 50 000 m ein großer Dampfer mit zwei Schornsteinen gesichtet, er hat mindestens 18 000 BRT. Weiter ab fährt ein kleinerer Dampfer. *HP* bekommt Befehl, das größere Schiff zu versenken, das andere wird beim Näherkommen als Lazarettschiff erkannt, das unbehelligt weiterlaufen kann. Bemerkenswert korrekt ist, daß es weder mit FT noch optisch die Anwesenheit der deutschen Schiffe weitergibt, sondern erst am nächsten Tage, also 24 Stunden später, das Schlachtschiff *Valiant* unterrichtet. Mittags werden die *HP* und die vier Zerstörer nach Drontheim zur Brennstoffergänzung entlassen.

Während die beiden Schlachtschiffe nach Norden zur Ölübernahme aus der *Dithmarschen* laufen, wird um 17.00 Uhr auf rund 50 km Entfernung eine Mastspitze gemeldet, anscheinend auf Südkurs. Die Kampfgruppe dreht sofort auf sie zu, und nach und nach kommen bei abnehmender Entfernung weitere Teile der Aufbauten heraus, die den Fremden schließlich als Flugzeugträger identifizieren lassen. Nach seiner charakteristischen Form kann es sich nur um die 22 500 t große *Glorious* handeln, hinter der man dann noch zwei Zerstörer entdeckt. *Gneisenau* und *Scharnhorst* drehen auf sie zu. Sie kommt immer klarer heraus. Sie vermehrt Fahrt. Ihr Flugdeck ist (zunächst noch) leer. Man sieht auch kein Flugzeug in der Luft. Verläßt sie sich etwa auf den dürftigen Schutz durch die beiden Zerstörer? Oder vielleicht auf ihre eigenen 16 : 12-cm-Kanonen?

Die *SH* steht in der breiten Dwarslinie der beiden Schiffe näher am Gegner. Sie eröffnet daher das Feuer. Die *GU* fällt aber bald ein und zieht mit Höchstfahrt an der Feuerleeseite der *SH* vorbei. Und nun erhält der Gegner Treffer über Treffer von beiden Schiffen. Der I. AO der *GU* beobachtet durch die vorzügliche Optik im Vormars deutlich, daß auf dem Träger nach und nach, aber in kurzen Abständen drei Flugzeuge aus dem Hallendeck mit dem Aufzug auf das Flugdeck hochgefahren werden, dort aber stehenbleiben. Da das Schiff hohe Fahrt vor dem Wind läuft, muß es auf Gegenkurs, gegen den Wind, drehen, erst dann können die Flugzeuge gestartet werden. Das hieße aber, uns entgegen-zulaufen und damit in ein noch schnelleres Ende.

Schon bald hat sich der Träger eingenebelt, außerdem wirken durch Treffer entstandene Brände auch als Nebel, so daß das Schiff häufig länger nicht zu sehen ist und die Einschläge der Granaten der *GU* nicht zu erkennen sind. Dadurch können auch die Entfernungsmeßgeräte längere Zeit keine Werte bekommen, bis beobachtet werden kann, daß der Gegner erhebliche Fahrt verloren hat und daß er zuletzt überschossen wurde. Die beiden Zerstörer erfüllen tapfer und geschickt ihre Aufgabe, den Flugzeugträger zu schützen, indem sie große Nebelschleier vor den Träger legen und die Schlachtschiffe mit Torpedos angreifen. Bald sinkt der erste Zerstörer, die 1350 t große *Ardent* (4 : 12 cm, 2 : 4 cm, 8 TR 53,3 cm in Vierlingssätzen), im Artilleriefeuer der Schlachtschiffe, zehn Minuten später kentert auch die *Glorious* mit fast der gesamten Besatzung und dem zahl-reichen Fliegerpersonal, das zusammen mit den unter Deck aufgestellten Flugzeugen vom in Räumung befindlichen Kriegsschauplatz in Nordnorwegen in die Heimat zu ander-weitigen Einsätzen gebracht werden soll. (Übrigens ist diese *Glorious* historisch gesehen ein interessantes Schiff. 1916 als Großer Kreuzer mit der ungewöhnlichen Armierung von zwei 45,6 cm-Kanonen erbaut, war sie nach dem Plan von Lord Fisher [wie die *Furious* und die *Courageous*] für die Russen entlasten sollende Ostseeunternehmungen bestimmt, zu denen es nach der Skagerrakschlacht aber nicht kam.)

Der zweite Zerstörer vom gleichen Typ, die *Acasta*, fährt weiterhin Angriffe auf den Verband. Ihre letzten Torpedos

werden auf eine Höchstschußentfernung abgefeuert. Auf der
GU ist ein älterer Offizier oben auf dem Vormars als
sogenannter Gegnerbeobachter abgeteilt, der feindliche
Schiffsbewegungen und vor allem Torpedolaufbahnen beobachten soll. Ihm, Korvettenkapitän Dr. Keller, ist es zu
verdanken, daß einige Torpedolaufbahnen rechtzeitig erkannt werden und er Ruderkommandos zum Ausweichen
vor den Torpedos unmittelbar an den Rudergänger auf der
Brücke geben kann. Leider hat die *SH* einen Treffer achtern
in Abt. III und IV bekommen. Er ist mit starken Personal-
verlusten und technischen Ausfällen verbunden, so daß das
Schiff nur noch geringe Fahrt laufen kann, bis die ersten
Reparaturen mit Bordmitteln durchgeführt werden können.

Es war ein eigenartiges Gefecht.

Zunächst einmal ist die *Glorious* der einzige Flugzeugträger während des ganzen Zweiten Weltkrieges und auf
allen Kriegsschauplätzen, der *nur* durch die Artillerie versenkt wurde. Dann war es ein intakter Träger mit vielerlei
Flugzeugen, von denen sich kein einziges als Beobachter
oder zum Schutz in der Luft befand. Ja, nicht einmal auf
dem Flugdeck stand eine Maschine klar zum sofortigen
Start. Hätte er nur wenige Seemeilen weiter ostwärts ge-
standen, wäre er wahrscheinlich nicht gesichtet worden und
statt dessen möglicherweise wenig später der Schwere Kreuzer
Devonshire (9750 t, 8 : 20,3 cm, 8 : 10,2 cm, 4 : 4,2 cm, 8 TR
53.3) mit dem norwegischen König Haakon VII., seiner
Familie und der Regierung, die in Tromsö an Bord gegangen
und nun auf dem Wege nach England waren.

Dieser Kreuzer hatte als einziger einen verschlüsselten
Funkspruch der *Glorious* mit der Nachricht über die Angriffe der beiden deutschen Schlachtschiffe bekommen. Da
die Weitergabe dieser wichtigen Nachricht an andere Stellen
den Standort des Kreuzers mit seiner so wichtigen Personen-
gruppe an Bord hätte verraten können, unterließ der britische Admiral es aus Sicherheitsgründen, den Funkspruch
weiterzugeben.

Die Geschicklichkeit und Tapferkeit, mit der die beiden

Zerstörer *Ardent* und *Acasta* in bewundernswertem Angriffsgeist bemüht waren, die *Glorious* durch Rauch und Einnebeln zu schützen und immer wieder Angriffe mit Artillerie sowie Torpedos zu fahren, verdient hohe Anerkennung. Selbst als der Träger und die *Ardent* bereits gesunken waren, blieb die schon schwer beschädigte *Acasta* am Feind und schoß jenen Fünferfächer, der die *Scharnhorst* lange Monate ausfallen ließ. Die Pläne für die unmittelbare weitere Verwendung der beiden Schwesterschiffe wurden durch den einen Torpedotreffer zunichte gemacht. Man sieht, wie ein einzelner Schuß, auch unter ungünstigen Bedingungen, ein hervorragendes Ergebnis haben kann. Da kein Offizier der drei britischen Schiffe gerettet wurde, gab es keine Zeugen für das so tapfere Verhalten der beiden Zerstörerbesatzungen. Neben einigen wenigen älteren Offizieren der beiden Schlachtschiffe, die unmittelbare Zeugen des Gefechts waren, wurde auch der I. AO der *GU* als unmittelbarer Zeuge der Gefechtshandlungen von der britischen Marine in Plön aufgefordert, einen kurzen Bericht über das Verhalten der *Ardent* und *Acasta* einzureichen. Dem britischen Admiral in Plön wurde am 5. Juli 1945 ein entsprechender Bericht geschickt. Diese Stellungnahme mag mit dazu beigetragen haben, daß beide Zerstörerkommandanten nachträglich das »Victoria Cross« erhielten.

Wegen der schweren Beschädigung der *Scharnhorst* war es für die *Gneisenau* wichtig, als Schutz des Schwesterschiffes sofort den nächsten in deutscher Hand befindlichen Hafen anzulaufen. Es ist für jeden Seemann eine Selbstverständlichkeit, Schiffbrüchige zu retten, solange es das Leben seiner eigenen Kameraden zuläßt. Am 8. Juni mußte der Flottenchef aber zunächst an die sichere und schnelle Rückführung der *Scharnhorst* denken. Der ObdM, der im Kriegstagebuch die Unterlassung der Rettung der drei Besatzungen gerügt hatte, erklärte sich nachträglich mit der Begründung des Flottenchefs zur Nichtrettung einverstanden.

Zeitlich hing mit den Ereignissen des 7. und 8. Juni zusammen, daß der Gegner sich heimlich aus dem Raum

Narvik-Harstad zurückzog. Er hatte General Dietl aus Narvik heraus in die Berge und entlang der Bahnlinie am Rombaksfjord in Richtung zur schwedischen Grenze gedrückt, um die deutschen Truppen zum Grenzübertritt und damit zur Internierung zu zwingen, gleichzeitig sollten aber die Bahn- und andere wichtige Anlagen im Raum Narvik zerstört werden. Einige wenige Tage konnten sich die deutschen Truppen halten, als der Gegner auf Kabinettsbeschluß abzog und seine Truppen einschiffte. Was noch am 7. Juni weder die Seekriegsleitung noch eine andere Seebefehlsstelle wußte, war bereits seit Tagen heimlich im Gange, nämlich die Räumung des nordnorwegischen Gebietes. Nicht, daß sie sich nicht halten konnten, war der Grund, sondern die Tatsache, daß seit Beginn der Kämpfe in Nordfrankreich und den Beneluxstaaten alle irgend verfügbaren Truppen gebraucht wurden, und dazu gehörten die britisch-französischen-polnischen Verbände aus Nord- und Mittelnorwegen.

Der Flottenchef hatte Befehl von der Gruppe West bekommen, mit beiden Schlachtschiffen nach Drontheim zu gehen. Am 9. Juni kommen die vier Zerstörer zum U-Boot-geleit heraus, dazu als weitere Sicherung einige »He 115« und »Me 109«. Um 16.00 Uhr wird vor Drontheim geankert. Man sieht zum ersten Mal die große, weite Bucht, umgeben von Hügeln und Bergen. Viele Dampfer sind im Hafen, 20 »He 115« liegen an Bojen. Die *GU* ergänzt schnell die Munition aus dem Dampfer *Alstertor*. Leider ist ein weiterer Nachschub für die Schwere und Mittelartillerie mit dem von einem U-Boot torpedierten Dampfer *Palima* auf der Fahrt nach Bergen verlorengegangen. Es ist zu hoffen, daß ein Teil noch herausgetaucht werden kann.

Die ersten Untersuchungen des Treffers auf der *Scharnhorst* ergeben, daß der Torpedo einige Ölzellen sowie Kartuschkammern und Teile des Turms Cäsar zerstörte, daß ausgelaufenes Öl im Turm hochstieg und daß 43 Mann der Turmbedienung umgekommen sind. Ihre Bergung und Beisetzung wird erst in der Heimat, wahrscheinlich in Kiel, erfolgen können. Die Reparatur wird einige Monate dauern.

Damit entfallen für längere Zeit gemeinsame Unternehmungen wie auch Übungen mit dem Schwesterschiff.

Am 10. Juni läuft die Gruppe wieder aus: *Gneisenau*, *Admiral Hipper* und die vier Zerstörer. Durch Rundfunk ist zu hören, daß die Alliierten Harstad und Narvik räumen oder schon geräumt haben und daß Narvik wieder in deutscher Hand ist. Wir werden versuchen, Rücktransporte zu stellen, die allerdings wohl durch Schlachtkreuzer, Schlachtschiffe und zahlreiche Zerstörer gesichert werden müssen. Nachdem die Luftwaffe wegen Wetterverschlechterung ihre Aufklärung einstellt, geht der Verband auf Ostkurs und steuert schließlich — an der Küste entlang — Drontheim wieder an.

Am 11. Juni mittags: Ankern in Drontheim.

Einige Zerstörer kommen längsseits, um von uns Öl zu übernehmen. Zweimal Fliegeralarm. Beim ersten Alarm fliegen zwölf »Wellington« in 4000 bis 5000 m Höhe dicht zusammen an. Sie werfen einige Bomben, die nicht treffen, und verlieren vier Maschinen durch deutsche Jäger.

Am 20. Juni verläßt der I. Offizier die *GU*. Er geht nach Berlin als Abteilungschef im OKM. Kapitän zur See Schönermark, ein bei der Besatzung angesehener, beliebter Offizier, wird von Kapitän zur See Heymann abgelöst, der als I. Offizier die kurze Indiensthaltung und den Untergang des Schweren Kreuzers *Blücher* im Oslofjord beim Norwegenunternehmen miterlebt hat.

Um 16.00 Uhr laufen wir mit *Admiral Hipper* und dem Zerstörer *Karl Galster* zu neuer Unternehmung aus. Eine Stunde später geht auch die *Scharnhorst* mit fünf Zerstörern bzw. Torpedobooten in See, weitmöglich durch die Schären nach Süden. Die Operation gilt der Northern Patrol, der vor allem durch Hilfskreuzer besetzten Absperrung im Raum Island-Faröer-Shetlands-Orkneys. Es wird keine leichte Angelegenheit sein, mit zwei so verschiedenen Schiffen, ohne Zerstörerschutz, in dem von England besetzten Gebiet zu operieren. Die deutschen Schiffe können sich aber auf ihre Artillerie und ihre hohen Geschwindigkeiten verlassen.

Die Schiffe steuern im Schärengebiet nach Norden bis Kylla, dann nach Nordwest. Zur engen Sicherung fliegt eine »Arado 196« aus Drontheim eine Zeitlang mit; reichlich wenig Schutz für zwei große Schiffe bei der wirklich guten Sicht.

Ein U-Boot hat an Steuerbord drei Torpedos geschossen, von denen zwei vorn vorbeilaufen, der dritte uns aber ganz vorn am Vorsteven trifft. Der Gegner hat unsere Fahrtstufe wahrscheinlich überschätzt, tatsächlich machen die Schiffe wegen des Seegangs zunächst nur 14 kn. Die *Gneisenau* verliert viel Öl und allerlei Lasteninhalt. Alle Gefechtsstationen melden aber »klar«, und es stellt sich bald heraus, daß das Schiff keinen Mann verloren hat. Niemand an Bord ist auch nur verwundet. Ein ganz großes Glück, denn der Treffer zerstörte u. a. die große Toilettenanlage vorn. Wenige Minuten später wäre Wecken für die Mittelwache gewesen. Dann hätte es während der wenigen Minuten bis zur Wachablösung einen Sturm auf die WCs gegeben. Nicht auszudenken die Folgen. Das Riesenleck ist aber immerhin eine schwere Beschädigung des Schiffes. Das Loch über der Wasseroberfläche ist so groß, daß ohne weiteres ein Verkehrsboot hindurchfahren kann. Wie weit aber geht das Loch nach unten? Hat der Kiel einen Knacks bekommen, oder gehen größere Risse nach unten? In Drontheim gibt es kein Dock. Nur durch Taucher kann man feststellen lassen, wie es da unten aussieht. Glücklicherweise ist gerade der große HAPAG-Dampfer *Huascaran* angekommen, der zum Werkstattschiff umgebaut wurde, bereits der *SH* geholfen hat und in dessen Nähe die *GU* nun ganz langsam um 08.00 Uhr ankommt und mit dem Heckanker ankert, denn das so beschädigte Vorschiff wird ein Ankermanöver vorne nicht vertragen. Das Ergebnis ist zunächst: Schweißen der Risse unter Wasser und Einsetzen großer Platten an beiden Seiten des Vorschiffes ist notwendig, damit die *GU* nach einigen Wochen unter gutem Geleitschutz nach Kiel ins Dock gehen kann.

22. Juni: *SH* ist wegen in der Nähe gemeldeter Schlacht-

schiffe und Fliegerverbände gestern nach Stavanger gegangen. Sie läuft heute aber weiter. An Bord ist wahrscheinlich keine frohe Stimmung: Nach dem Torpedotreffer am 8. Juni und der ersten Untersuchung in Drontheim ist angeordnet worden, daß sie zur Reparatur nach Kiel geht, obwohl ihre Bauwerft Wilhelmshaven ist, während die meisten Familien aber jetzt in Kiel wohnen. Als nun auch die *GU* werftreif geschossen worden ist, wird der frühere Befehl dahin geändert, daß jedes Schiff in seiner Bauwerft repariert wird: *SH* also in Whaven und die *GU* in Kiel.

Sachlich ist das eine vernünftige Lösung.

4. Juli: So schön Drontheim und die Umgebung ist, so sehr stört das reichlich untätige Leben. Wegen der mit der Reparatur verbundenen Arbeiten am und im Schiff kann nicht viel praktischer Dienst gemacht werden. Die Seeleute malen eine schöne Tarnung auf alle Flächen des Schiffs. Dadurch ist die *GU* gegen den dunklen, bergigen und bewaldeten Hintergrund tatsächlich weniger zu erkennen.

Obwohl die *Huascaran* das Schiff mit vielem versorgt, vor allem mit Strom, fehlt es an manchem, was die Werften zu liefern pflegen. Es wird daher dem Schiff eine »Ju 52« für alle fehlenden technischen Dinge zur Verfügung gestellt, die der *GU* und dem Werkstattschiff fehlen. Wichtig ist vor allem, daß dadurch eine bessere Postverbindung eingerichtet werden kann. Vorgestern kam seit dem Auslaufen aus Kiel vor vier Wochen zum ersten Mal Post an, dann aber gleich in großen Mengen. Viele wissen von den früheren Auslandsreisen, wie wichtig eine gute und rechtzeitig organisierte Postverbindung für Stimmung und Dienstfreude der Besatzung ist.

General Dietl, Verteidiger von Narvik, trifft in Drontheim ein. Er übernimmt das neu gebildete Gebirgsjägerkorps, zusammengesetzt aus seiner Division, der vom General Feurstein und der Division Woytasch.

Seit zehn Tagen liegen hier die Troßschiffe *Nordmark* und *Dithmarschen*, die z. Z. draußen nicht gebraucht werden, da keine größeren Unternehmungen im Nordatlantik geplant sind. Auf der *GU* hofft man aber, in einigen Monaten von einem der beiden vorzüglich ausgerüsteten Troßschiffe und deren prächtigen Besatzungen draußen versorgt zu werden. Im übrigen ist hier eine kleine Ansammlung von Schiffen, u. a. der Leichte Kreuzer *Nürnberg* mit dem BdA (Befehlshaber der Aufklärungsstreitkräfte), Konteradmiral Schmundt, der Schwere Kreuzer *Admiral Hipper* mit dem FdZ Bey, die Zerstörer *Hans Lody, Karl Galster, Friedrich Ihn, Paul Jacoby*. Und das Flottenkommando ist immer noch bei uns eingeschifft unter Vizeadmiral Lütjens, der wohl bald offiziell Nachfolger von Admiral Marschall und dann Admiral wird. In Kiel vertritt bis auf weiteres ein »Heimatstab« den laufenden Betrieb unter Leitung von Kapitän zS K. C. Hoffmann.

Im Raum Drontheim liegen außerdem eine Staffel »He 111«, eine Staffel »Ju 88« und eine Gruppe »Me 109« und »Me 110«, in der Hauptsache zum Schutz der Flotteneinheiten.

Am 8. Juli: Vizeadmiral Lütjens kommt aus Berlin zurück. Er wird wohl in Kürze Flottenchef werden. Das Flottenkommando steigt heute aus, geht nach Kiel, wo z. Z. der Arbeitsschwerpunkt liegt.

19. Juli: Tanker *Friedrich Breme* und etwas später der Tanker *Adria* kommen längsseit und bringen uns Öl. Das sind die Vorarbeiten für ein neues Auslaufen, wenn auch leider nur nach Kiel in die Werft.

Am 20. Juli ist Probefahrt im Drontheim-Fjord. Das Schiff läuft bis 28 kn, die Schotten halten gut, so daß dem Abmarsch eigentlich nichts mehr im Wege steht.

25. Juli: Auslaufen 19.00 Uhr, Verband in Reihenfolge *GU, NG* mit BdA, *HP* und die vier Zerstörer. Durch Trondhjems Leden, Ytre Fjord, östlich Gripholm und dann nach Westen, mit wenig Fahrt hinter vier Booten der 2. MS-Flottille mit ausgebrachtem Otter-Räum-Gerät (ORG). Nachdem sich die *GU* in Drontheim dunkel getarnt hat, wird das Schiff wieder hellgrau gestrichen. Alles wird gleich wieder heller und freundlicher an Deck.

Die *HP* wird heute nacht entlassen. Sie soll eine mehr-wöchige Unternehmung im Eismeer gegen dort anzuneh-menden englischen Handel durchführen.

Der 26. Juli: Die *GU* läuft etwa 50 sm westlich der Küste nach Süden, *GU* an Bb, *NG* an Stb, je ein Zerstörer außen, die beiden anderen sind Vorreiter. Ständig zwei »Do 17« als Aufklärer und zwei »Me 110« als Jagdschutz.

Gegen 13.00 Uhr Zuwachs an U-Bootsicherung durch sechs Torpedoboote ab Utsire. Der Admiral will dicht unter der norwegischen Küste entlang und dann zur Hanstholm-Durchfahrt gehen. Kurz vor 16.00 Uhr starke Detonation mit erheblicher Rauchentwicklung.

»Alarm!«

Torpedoboot *Luchs*, die U-Bootsicherung an Backbord querab, verschwindet in der Rauchwolke, von der — eben-so wie von dem Boot — nach spätestens zwei Minuten nichts mehr zu sehen ist. Der — wie wir später erfahren — von dem britischen U-Boot *Swordfish* geschossene Torpedo galt natürlich der *GU*, das Torpedoboot lag aber genau in der Schußrichtung. Der Kommandant der *Luchs* hatte vor dem Auslaufen befohlen — und ließ streng auf Befolgung achten —, daß jedermann in See seine Schwimmweste tragen und nicht nur griffbereit irgendwo liegen haben müsse. Dieser Befehl hat manchem der Besatzung das Leben gerettet, denn das Boot versank durch den besonders unglück-lichen Torpedotreffer schnell wie ein Stein. Im übrigen ist der Anlauf des britischen U-Bootes bei der großen Zahl von Sicherungsbooten und Sicherungsflugzeugen anscheinend sehr geschickt angelegt worden.

53 Mann werden gerettet, darunter der Kommandant, Kapitänleutnant Kaßbaum.

Unter starkem Minen- und Navigationsgeleit läuft die *GU*, da nur wenige Lichter brennen, bis Nordausgang Großer Belt, von wo der BSO, Konteradmiral Stohwasser, das Schiff bis nach Kiel geleitet.

Schon beim Marsch durch die Kieler Bucht sind von weitem Luftangriffe auf Hafen und Stadt zu erkennen.

Heftiges Flakfeuer. Ballons etwa 750 m hoch. Sobald ein angreifendes Flugzeug durch das Horchgerät geortet ist, beginnt sofort Plan-Sperrfeuer mit verschiedenen Einstellungen der Seite, Höhe und Tiefe nach, wodurch der Gegner immer wieder abgedrängt wird.

Die *Gneisenau* geht sofort in die Werft. Nach dem Eindocken sieht man die tiefen Risse, die bei dem U-Boot-Torpedotreffer unterhalb des Riesenloches im Vorschiff am 20. Juni entstanden sind. Wie gut haben die Unterwasserschweißer in Norwegen beim provisorischen Dichtsetzen dieser Risse, die teilweise fast bis zum Kiel gehen, gearbeitet. Die Reparatur wird ein Vierteljahr dauern.

Die lange Werftzeit wird zum großen Personalwechsel ausgenutzt, zu Lehrgangsbeschickungen, zu Urlaub und zu Zwischenkommandos. Man hat jetzt Muße, an die zwei Monate zurückzudenken, die seit dem Verlassen Kiels Anfang Juni vergangen sind und die so verschiedene Ereignisse brachten: die Versenkung des Flugzeugträgers und eine Reihe anderer Schiffe am 8. Juni, der Torpedotreffer auf *SH*, das erste Einlaufen in Drontheim, dieser Treffer am 20. Juni und damit ein langer Ausfall beider Schlachtschiffe.

Links oben: Unser
Verkehrsboot
(V-Boot) hat im
Atlantik Proviant
von unserem
Versorger geholt.

Rechts oben:
Der Kommandant
auf der Brücke:
Kapitän zS Fein
übernahm die
Gneisenau im
August 1940.

Oben: Versen-
kung der *Granli*
(1 577 BRT) am
16. 3. 1941.

Links: Freizeit
im mittleren
Atlantik. Wir
haben sehr gute
Sicht.

Oben: *U 124* (Kapitänleutnant Wilhelm Schulz) in Rufweite im Atlantik.
Links unten: Angehörige eines versenkten Schiffes werden übernommen.
Rechts unten: Gefangene Dampferbesatzung an Bord.

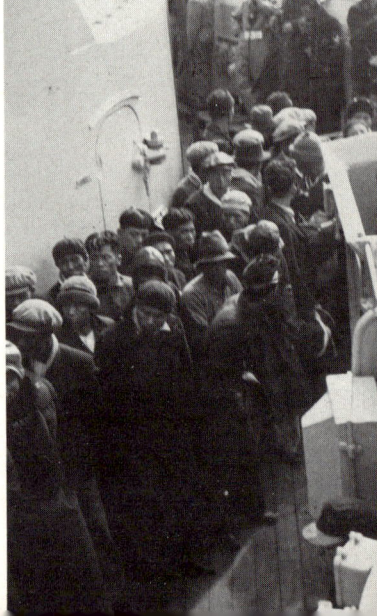

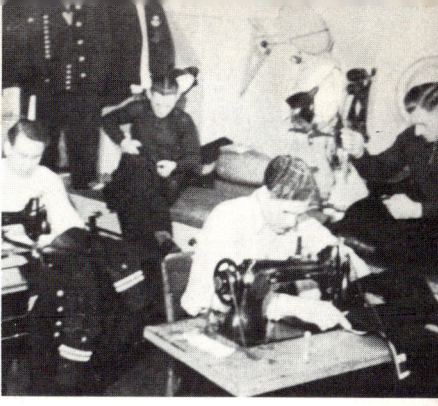

Das zivile Schneiderpersonal ist bei der Arbeit.

Flottenchef Admiral Lütjens mit seinem Chef des Stabes Kapitän zS Netzbandt und dem Flotteningenieur Kapitän zS (Ing.) Dipl.-Ing. Thannemann nach dem Einlaufen in Brest.

Die *Chilean Reefer* (1 793 BRT) wehrte sich tapfer. Sie holte das britische Schlachtschiff *Rodney* heran.

Wir laufen
in das
Trocken-
dock in
Brest ein.

Nach dem Lenzen des
Docks wurde unter
dem Schiff, zwischen
zwei Dockstapeln, ein
Blindgänger oder eine
Zeitbombe gefunden,
die zum sofortigen
Ausdocken zwang.

Der Marsch durch den
Englischen Kanal am
12. 2. 1942.

Mißglückter Versuch,
in den Atlantik durchzubrechen

Nach fast dreimonatiger Werftzeit dockt die *Gneisenau* am
21. Oktober aus. Die Besatzung hat eine Reihe Luftangriffe
erlebt, das Schiff bleibt aber von Treffern verschont. Nach
üblichen Werft-Nachfolgearbeiten wie Abstimmen, Muni-
tionsübernahme und anderem geht das Schiff am 14. November nach Osten zu Maschinenerprobungen, Schießübungen, Meilenfahrten und Überlaufversuchen gegen Magnetminen. Gelegentliches Einlaufen in Gotenhafen, das
immer noch außerhalb der Reichweite englischer Flugzeuge
liegt und nachts friedensmäßig hell erleuchtet ist, bedeutet
stets Erholung. Der Verfasser besucht zum ersten Mal die
Bismarck, die am 24. August in Dienst gestellt worden ist
und gegen uns doch ein gewaltiges Schiff ist.

Am 7. Dezember steigt Admiral Lütjens mit seinem Stab
erstmalig als offizieller Flottenchef zur Teilnahme an unserem Kaliberschießen und an Verbandsübungen ein. Beim
Abschluß am 21. Dezember spricht er zu allen in Kiel
anwesenden Offizieren des Flottenbereichs über augenblickliche politische und militärische Fragen: Er spricht sehr eingehend und klar, und seine Ansprache wurde allgemein als
außerordentlich gut empfunden.

Zum lange erwarteten neuen Ziel, dem Zufuhrkrieg im
Atlantik, läuft die *GU* gemeinsam mit der *SH* und dem
üblichen Geleit am 28. Dezember aus Kiel aus. Sie hat
nunmehr insgesamt 1902 Mann an Bord, einschließlich
Flottenstab, Offizieren und Männern der PK (Wortberich-
ter, Bildberichter, Kameraleute) sowie Prisenkommandos.
Alles zusammen ergibt das eine bis jetzt noch nie erreichte

Besatzungszahl. Am 29. abends wird die Skagen-Sperre passiert. Immer mehr machen sich die bei starkem Westwind heranrollenden Seen bemerkbar, die große Mengen Wasser über das Vorschiff treiben. Die Fahrt von 25 kn wird daher langsam erst auf 22 und bald auf 17 kn vermindert. Dennoch hat das Schiff bereits die ersten Seeschäden: in mehreren Decks sogar Spanten und Träger gebrochen. Die volle Seefähigkeit der *GU* ist dadurch nicht unerheblich eingeschränkt. Es ist zu hoffen, in Drontheim die Schäden beseitigen zu können. Der Verband geht in das Schärengebiet beim Korsfjord. Der Flottenchef wartet wegen der Reparaturen auf entsprechende Entscheidung des OKM. Dieses bestimmt — sehr zum Bedauern der Besatzung —, nach Gotenhafen zur Reparatur zu laufen. Befehl ist Befehl, und so dreht am 30. nachts die *GU* auf Südkurs und trifft am 2. Januar in Gotenhafen ein. Anscheinend hatte man in Berlin aufgrund früherer Erfahrungen nach dem bisherigen Verhalten des Schiffes bei schwerem Wetter wenig Vertrauen, nach einer Reparatur in Drontheim im Atlantik noch harte Seen abreiten zu können, denn die Untersuchungs- und Reparaturmöglichkeiten in dem norwegischen Hafen sind doch recht eingeschränkt.

Gleich nach dem Einlaufen findet in der Werft eine Besprechung zur genauen Feststellung der erlittenen Schäden und möglicher weiterer Schadensfälle statt. Es ergibt sich, daß auch das Hauptventil der Stb-Turbine gerissen ist und daß Ausbau, Reparatur und Wiedereinbau über zwei Wochen dauern werden. Die gleiche Panne gab es bereits Mitte November bei der Mittelturbine.

Es ist sehr kalt und an Bord im Freien auch entsprechend glatt. Einer der Männer vom Turm Cäsar rutscht beim Versuch, morgens unerlaubt über die Back an Land zu gelangen, aus, fällt ins eisige Wasser und ertrinkt trotz sofortiger Rettungsversuche. Die Leiche wird nicht gefunden. Es stimmt immer traurig, einen langjährigen Bordkameraden zu verlieren, besonders dann, wenn sich der Tod infolge Leichtsinns ereignet.

Es ist fast windstill, schnell bildet sich eine große Eisfläche im Hafen, und bei längerem Liegen besteht die Gefahr, daß das Schiff festfriert. Da die Schiffbauer unbedingt noch einmal docken wollen, um notfalls unter Wasser entstandene Risse schweißen zu können, ein solches Vorhaben bei dem schnellen Vereisen des Hafenwassers aber mit starken Problemen verbunden sein wird, geht die *GU* nach Kiel, um dort die Untersuchung, die Reparaturen und den Ventileinbau zu vollenden.

Durch Ausfälle bei den Kreuzern und Vergrößerung des Bestandes an Zerstörern und Torpedobooten erfolgt im Flottenverband eine größere Umorganisation. Der »Befehlshaber der Aufklärungsstreitkräfte« (BdA), eine seit 30 Jahren bestehende Organisation, wird aufgelöst. Nunmehr bilden die Zerstörer und die Torpedoboote je ein selbständiges Kommando, das dem Flottenchef als FdZ bzw. FdT unmittelbar unterstellt wird.

Am 8. Januar übernimmt Fregattenkapitän Peters die Dienstgeschäfte als neuer Erster Offizier, da Kapitän Heymann aus gesundheitlichen Gründen ausgefallen ist. Nach seiner erheblichen Beanspruchung als I. O *Blücher*, die erst nach Kriegsbeginn in Dienst gestellt wurde, vor allem auch beim Untergang des Schiffes am 9. April 1940 und seiner weiteren Verwendung in Norwegen, wurde er ohne Übergang der neue I. O. Das war zuviel für ihn. Sein Weggehen wurde sehr bedauert.

Am 11. Januar 1941 ist eine große Werftbesprechung an Bord. Sie steht unter der Leitung vom Chef des Konstruktionsamtes, Vizeadmiral Fuchs, der sich über alle einschlägigen technischen Fragen außerordentlich gut unterrichtet zeigt. Es wird bei dieser Sitzung festgestellt, daß bei der *SH* bereits nach der Norwegen-Unternehmung umfangreiche Verstärkungen unter der Back eingebaut wurden, von denen aber weder die Flotte noch der Amtschef K je etwas erfuhren. Dann hat man nach Reparatur des torpedierten Vorstevens eine wichtige tragende Stütze unter der Back nicht wieder eingebaut. An diesen beiden Unterlassungen ist möglicherweise die Unternehmung in den Atlantik vor drei Wochen bereits beim Beginn gescheitert.

Am 14. Januar: Ausdocken, Restarbeiten an der Pier, u. a. Anbordnahme einer 2-cm-Vierlingslafette auf ein hohes »Storchennest« an dem Platz, an dem später die Flugzeughalle gebaut wird, und Ersatz der 2 cm C/30 durch C/38, die eine erheblich höhere Feuergeschwindigkeit hat.

Atlantik-Unternehmen

Am 22. Januar 1941 steht endlich wieder ein Auslaufen an. Die Temperatur wird wärmer, um 0° herum. Am Südausgang des Großen Belts wird über Nacht geankert, da durch das Eis viele Fahrwasserbojen abgetrieben sind, außerdem herrscht schlechte Sicht. Am kommenden Morgen bei schönem, klarem Wetter ankerauf. Jedes Schiff hat aus Sicherheitsgründen einen Schlepper bei sich. Außerdem fährt ein großer Eisbrecher vor dem Verband. 23.30 Uhr 12 sm nördlich Läsö Ankern bis zum 25. 1. vormittags, da abgeteilte T-Boote wegen starken Oststurms nicht auslaufen können und ein größerer Feindverband im Seegebiet Stavanger anscheinend Minen legt und uns auf keinen Fall auslaufend beobachten darf. Überall ist noch Eis, so daß die ORG nicht richtig steuern und daher wenig nützen. Herrliches Frostwetter, —8° C, Sonne, geringe See, Wind NO 3. Abends wird die Kristiansand-Sperrlücke passiert, und ab etwa 19.30 Uhr geht der Verband auf 25 kn, um den Zeitverlust möglichst einzuholen. Am 26. vormittags in Höhe Stadlandet. Erste Kriegswacherleichterungen werden eingeführt, da sich ein voller Kriegswachbetrieb auf längere Zeit nicht durchführen läßt. Entweder werden ganze Waffen nicht besetzt, z. B. tags bei guter Sicht nur Schwere Artillerie, oder es wird im Viermannstropp gegangen.

Am 27. um 04.00 Uhr dreht der Verband auf 204° und steuert mit geringerer Fahrt die Island-Passage, das Gebiet südlich Island, an, um von hier in den freien Atlantik auszubrechen. Alle hoffen, daß es ohne Feindberührung gelingt, da die Dänemarkstraße, das Gebiet nördlich Island bis Grönland, noch stark vereist und daher eng und leichter kontrollierbar ist. Die Sicht ist sehr gut. Das ist ausgesprochen unangenehm, da von Reykjawik auf Island aus ein britischer Aufklärungsflugzeug-Verband tätig ist. *Gneisenau* und *Scharnhorst* laufen 40 bis 60 sm südlich von der isländischen Küste. Zum ersten Mal wird der Besatzung ein gewaltiges Nordlicht beschert. Faszinierend, dieses Farbenspiel am ganzen nördlichen Himmel. Blitzartig oder auch in langsamerem Tempo wechseln die Farben. Man möchte die ganze Besatzung an Oberdeck holen, um allen dieses Erlebnis zu gönnen, das man ja nur in den nördlicheren Breiten erlebt.

Am 28. Januar, 06.22 Uhr, Dete-Meldung *Scharnhorst*, die dicht aufgeschlossen hinter der *GU* fährt: »Bb voraus ein sich schnell näherndes Objekt erfaßt.«

»Alarm, alles auf Gefechtsstation!« Die *GU* dreht sofort um 8 Dez nach Stb. Auf größere Entfernung ist ein Fahrzeug zu erkennen. Möglicherweise ist es ein Kreuzer oder Zerstörer. Auf neuem Kurs, etwa 330°, sichtet auf der Brücke ein Signalmaat einen Schatten, der schnell als Zerstörer (wahrscheinlich *Tribal*-Klasse) ausgemacht wird und in kürzester Zeit auf 30 bis 35 hm an Bb steht. Das Boot wirkt auf diese kurze Entfernung riesengroß, ganz deutlich ein Zerstörer mit Kurs zwischen 300 und 360°. Anscheinend höchstens mittlere Fahrt, aber nichts deutet darauf hin, daß er die deutschen Schiffe gesehen hat. Erst später melden zwei Maate vom Zielgeber im Vormars, daß sie in der Mitte des Gegners zwei weiße Wassersäulen gesehen hätten, als wenn zwei abgeschossene Torpedos ins Wasser geklatscht wären. Möglicherweise hat jemand den Rohrsatz schnell genug zum Schuß herumgeschwenkt, Torpedolaufbahnen werden aber nicht beobachtet. Auch werden keine Geräusche von Torpedos in der Horchzentrale gehört. Für alle, besonders für die Artilleristen an Bord, ist es ein unvergeßlicher und wohl nie wiederkehrender Anblick, einen feindlichen Zerstörer auf eine derart kurze Entfernung neben sich zu sehen, bei eigener schußklarer SA und MA. Die Flotte hat aber keinen Feuerbefehl gegeben, denn laut Operationsbefehl soll der Verband, wenn nur irgend möglich, unbeobachtet nach

Westen durchbrechen. Vielleicht hat der Gegner die *GU* sogar für einen Freund gehalten. Er hat sie offenbar nicht sofort als Feind erkannt. Also könnte der Durchbruch noch nach Umgehung des Zerstörers ohne Störung und ohne Komplikationen glücken. Außerdem bedeutet ein Waffengebrauch auf der *GU* natürlich, daß sofort im Umkreis von 20 sm alles alarmiert wird. Der Schiffsort, an dem kehrtgemacht wird, ist 62° 40′ N und 18° W.

Nach Sichten des Zerstörers läßt die Flotte sofort auf 40° und später nacheinander auf 60 und 90° weiter drehen. Auf Ostkurs ist an Stb querab auf etwa 100 hm ein festes weißes Licht zu sehen, das achteraus wandert. Ob es zu einem Kriegs- oder Handelsschiff gehört, ist nicht zu erkennen. Bald darauf kommt eine Dete-Meldung, daß in 300°, 140 hm entfernt, ein großes Objekt zu erkennen ist, später sind es mehrere, die ebenfalls achteraus wandern und langsam Bb achteraus verschwinden. Von der Brücke ist nichts auszumachen, da die Schiffe inzwischen auf hohe Fahrt gegangen sind und mit 28 kn gegen die See laufen. Dabei kommt allerhand Feuchtigkeit über. Der Zerstörer folgt übrigens noch lange. Er ist zu sehen und zu messen, geht aber verloren, als der Verband gelegentlich um 1 oder 2 Dez dreht. Bei Helligkeit ist nichts mehr zu sehen, und der Klarschiffzustand wird gegen Kriegswachzustand geändert, wobei nur die halben Bedienungen an ihren Waffen bleiben. Mittags kommt an Bb auf ungefähr 320 hm ein Kriegsschiff in Sicht, man erkennt anderthalb Masten. Der Fremde liegt auf östlichem Kurs. Die deutschen Schiffe drehen etwas ab, und der Gegner verschwindet bald. Nachmittags Fliegeralarm, ein einzelner Aufklärer ganz weit weg im Süden, später noch einer. Sie verschwinden aber bald wieder und haben die Schiffe anscheinend nicht gesichtet.

Dem Flottenchef ist durch die Ereignisse der letzten Stunden klar geworden, daß ein unbemerkter Durchbruch durch die Island-Passage jetzt nahezu unmöglich ist. Er entscheidet, durch die Dänemark-Straße in den Atlantik zu gehen, vorher aber Brennstoff aus dem Tanker *Adria* zu ergänzen, die im Nordmeer aufgestellt ist. Insgesamt sind für die Atlantik-Unternehmung bis zu zehn Tanker zur Unterstützung und Versorgung bereit, darunter sind auch die beiden Troßschiffe *Uckermarck* und *Ermland*, die der Marine gehören. Die übrigen acht Schiffe wurden gechartert. Außer Brennstoff haben sie, je nach Größe, Munition und Verpflegung an Bord, außerdem Marinefunkpersonal, um z. B. taktische Kurzsignale empfangen zu können.

Am 29. Januar gegen 09.00 Uhr kommt die *SH* auf etwa 68° N u. $\frac{1}{2}$° O längsseit, um einen Wurfbeutel mit längerem geschlüsselten Funkspruch von der Flotte an die Gruppe West zu übernehmen und ihn anschließend mit einem Bordflugzeug zum Admiral Nordküste in Drontheim zu bringen oder ihn selbst im Notfall abzugeben. Das Flugzeug unter Oberleutnant zur See Martin, ein seit langem bewährter Bordpilot, gibt nach Stunden seine Standortmeldung ab: Wegen Brennstoffmangel muß er in einem Fjord südlich Drontheim wassern, was ihm gelingt. Eine sehr schöne Leistung.

Es geht weiter nach Norden bei zunächst gutem Wetter und ruhiger See. Ab Hellwerden »Erleichterte Kriegswache«, das heißt, alle Waffen sind im Viermannstropp besetzt. Ab 20.00 Uhr wird es plötzlich kälter, Wind NW 4 bis 5. Die Temperatur rutscht innerhalb weniger Stunden auf —12° C. Glücklicherweise wurden noch vor dem Auslaufen schöne Pelzmäntel empfangen.

Morgens am 30. Januar: minus 17° C. Schneidender NW mit Schneeböen, unsichtiges Wetter. Auf dem Treffpunkt mit dem Tanker *Adria*, der in der Dunkelheit durch das Dete-Gerät zu genauer Zeit auf dem richtigen Ort gefunden wurde, angekommen. Das ist eine gute navigatorische Leistung.

Die *GU* beginnt mit der Übernahme. Bei ziemlich starkem Seegang in Verbindung mit dem unsichtigen Wetter und der schneidenden Kälte ist das Herstellen und Halten der Verbindung schwierig, die erste reißt auch prompt. Das Erneuern dauert mehrere Stunden, und dabei wird es bald wieder dunkel. Diese ganze Operation wird die Schiffe mindestens zwei Tage aufhalten, die hier auf dem bisher nördlichsten Punkt, 72° 30', stehen. Abends reißt wieder ein Schlauch. Statt 260 cbm Stundenleistung werden nur knapp 130 cbm stündlich geschafft. Die in der deutschen Marine gebräuchliche Art der Übernahme von Brennstoffen auf See ist: Das Kriegsschiff fährt mit 7 kn hinter dem Tanker her, der die Schleppleine mit daran befestigtem Schlauch achteraus fiert. Der Tampen der Schleppleine wird an zwei Ballons aufgebojt. Wenn das geschleppte Schiff die Schleppleine aufgefischt und auf der Back festgemacht hat, wird der an ihr befestigte Schlauch an einem Ölschlauch oder Übernahmestutzen angeschlagen, und die Ölübernahme kann beginnen. Diese Methode hat sich in den vielen Kriegsjahren bewährt; bei schlechtem Wetter bricht zwar der Schlauch leicht, öfters auch die Schleppleine. Aber bei viel Übung geht es gut. Inzwischen, das darf in diesem Zusammenhang Erwähnung finden, ist bei der NATO ein viel besseres Verfahren eingeführt worden: Die Schiffe fahren auf beiden Seiten des Tankers mit geringem Abstand und geben ihre Schläuche zu ihm hinüber. Diese werden dort an die Ölleitung angeschlagen, und die Übernahme kann beginnen. Man kann auf diese Weise langsam auf höhere Fahrt gehen, kann Kursänderungen machen und ist in verhältnismäßig kurzer Zeit fertig. Diese seemännisch verhältnismäßig einfache Art wird ständig geübt, sie ist so einfach und selbstverständlich wie z. B. das Manöver »Boje über Bord«.

Auf Grund von Erfahrungen mit dem Auffüllen der vorderen Ölzellen ist inzwischen angeordnet worden, daß bei einer Ölübernahme im allgemeinen die vorderen Zellen in Abt. XXI nicht gefüllt werden, sofern gleich nach dem Auslaufen mit schlechtem Wetter gerechnet werden muß, es sei denn, daß ein Zwang besteht, sie auf jeden Fall aufzufüllen, um einen vollen Aktionsradius zu erreichen. Man hofft, auf diese Weise das Vorschiff etwas trockener halten zu können.

Am 31. Januar, während der Mittelwache von Mitternacht bis morgens 04.00 Uhr, geraten die Schiffe langsam in Treibeis, das zum Abschlagen auch des zweiten Schlauches zwingt, da er durch das Reiben an den Eiskanten brechen könnte.

Wind NW 6, immer noch —17°. Diese unerträgliche, schneidende Kälte auf der Back bei der Bootsmannsgruppe, die Wache an den Schläuchen und am Übernahmegeschirr hält, kann zwar am Körper durch Pelzmäntel und gefütterte Schuhe einigermaßen abgehalten werden, trotz ständigen Reibens gibt es aber Erfrierungen im Gesicht, und die Männer müssen noch lange darunter leiden. Auch auf der Brücke ist die Kälte kaum erträglich.

Die *GU* marschiert zu einem neuen Treffpunkt mit dem Tanker zurück, um auf neuem Kurs, der vom Treibeis wegführt, die noch fehlenden 1400 t Öl zu übernehmen. Um Mitternacht ist das Manöver beendet. Der Wind hat inzwischen abgeflaut, nur die Dünung ist noch lang. Auf Morgenwache am 1. Februar herrschen nur noch —10° C und beinahe Flaute bei wenig Dünung.

Die *SH* fängt mittags mit der Brennstoffübernahme von 3400 t an. Sie hat aber erheblich bessere Bedingungen. Sobald sie fertig ist, soll versucht werden, durch die Dänemarkstraße zu gehen. Kommen die Schiffe nicht durchs dicke Eis hindurch, wird nichts weiter übrigbleiben, als einen erneuten Versuch zu machen, südlich Island während der langen Dunkelheit durchzukommen.

Stündlich müssen alle Geschütze, bis auf die Türme, durchgefahren werden, um ein Vereisen der Schwenk- und Höhenrichtwerke zu verhindern. Dadurch sind bis jetzt noch keine Ausfälle eingetreten. Die Dänemarkstraße wird die Besatzungen aber noch vor schwierige Aufgaben stellen.

Tagsüber sind hier oben die Geschütze weiterhin nicht besetzt, nachts aber ist auf jeder Seite ein Turm der Mittelartillerie klar zum sofortigen Einsatz, und in der Morgendämmerung ein Schwerer Turm. Dafür sind aber Scheinwerfer, E-Meßgeräte und Ausguckstellen entsprechend gut besetzt.

Der Himmel ist stark bedeckt. Es fehlen daher die vor einigen Tagen weiter südlich erlebten Bilder des Polarlichtes.

Am 2. Februar ist die *SH* nachts fertig geworden, so daß die *Adria* entlassen werden kann. Die Schlachtschiffe wenden sich langsam nach Westen. Kurz vor dem Wachwechsel um 08.00 Uhr fällt durch ein tragisches Mißgeschick der Matrose Liske über Bord. Die Suche nach ihm ist ergebnislos. In dem eisigen Wasser ist er wahrscheinlich gleich ertrunken.

Kurs 250°. Die Schiffe laufen 12 kn. Bei Tage wird keine Kriegswache gegangen. Nachmittags sind nur noch —2° C. Der Verband steuert etwa 70 sm südlich von Jan Mayen vorbei. Ab Dunkelheit ist erleichterte Kriegswache. Es ist sehr sichtig. Auf der Abendwache wieder wunderbares Nordlicht, das sich bisweilen in zwei Bogen von West nach Ost über den ganzen Himmel erstreckt. Es sind strahlend helle, breite, zum Teil auch ganz schmale Streifen, die, wie vom Windhauch bewegt, hin- und herwehen. Man kann dieses gewaltige Naturgeschehen immer wieder bestaunen. Fast fehlen die Worte, das herrliche Farbenspiel zu beschreiben.

Am 3. Februar früh morgens zwingt starkes Eis die Schiffe, nach Süden, teilweise sogar nach Südosten auszuweichen und dichter unter die isländische Küste zu gehen. Die starken Eisschollen lassen die *Gneisenau* erzittern, wenn ihr Bug sie durchschneidet. Seehunde sehen erstaunt auf, lassen sich aber nicht von ihrer Scholle vertreiben. Ab 18.00 Uhr stehen die Schiffe in 25 km Entfernung dicht vor der Nordwestecke Islands. Nach vorliegenden Nachrichten ist mit Kreuzern und Hilfskreuzern zu rechnen. Da das Eis aber dicht an die Westküste, also in die Nähe Reykjaviks, drängt, ist Feindberührung durchaus möglich. So sehr die Verbandsführung auch darauf eingestellt ist, ist doch ein ungesehenes Durchkommen wichtiger wegen der Wahrscheinlichkeit, daß Halifax-Geleitzüge umgelegt werden, sobald sie die Schiffe bemerkt haben. Am 4. Februar ortet das Dete-Gerät gegen 04.00 Uhr voraus ein Schiff. *GU* und *SH* drehen um mehrere Dez ab. Der Gegner kommt an Bb mit Querabstand von 72 hm langsam achteraus. Gesehen wurde nichts. Die Sicht beträgt nur etwa 40 hm. Die Schiffe gehen bald auf den alten Kurs zurück und laufen, mit Kriegswachbesetzung, den alten Kurs weiter. Es wird heute erst gegen Mittag hell, da drei Stunden Uhrzeit zurückzurechnen sind.

Alle sind sehr glücklich, daß der Durchbruch gelungen ist. Die Schiffe können jetzt höchstens noch zum Ausweichen, aber nicht mehr zur Rückkehr gezwungen werden. Der große Wert des Dete-(neuerdings auch Em-II-)Gerätes hat sich immer wieder bewiesen. Es wird z. Z. abwechselnd vom Funk- und seemännischen Personal bedient. Angestrebt wird die völlige Besetzung mit Seeleuten und die Wartung zunächst noch vom Funkpersonal, später aber durch die Artilleriemechaniker.

Admiral Lütjens macht mittags ein Flaggensignal: »Zum ersten Mal in der Seekriegsgeschichte ist es deutschen Schlachtschiffen gelungen, in den freien Atlantik einzudringen. Und nun ran!«

Abends wird der 60. Breitengrad passiert. Ab hier ist der Befehlsbereich der Gruppe West (Paris) zuständig. Der Wind weht aus NW in 4 bis 5. Wenig Seegang.

Am 5. Februar passieren die Schiffe auf Kurs 220° die Südspitze Grönlands, das Kap Farvel, bei NW 6 bis 7, Wassertemperatur +5°, Luft +2° C. Die Schiffe machen aber trotz des Windes wenig Bewegungen. Das Kap liegt 60 sm entfernt. Es bleibt unsichtbar.

Wie befohlen, trifft der Verband mittags den Tanker *Schlettstadt*. Bei abnehmendem Wind und ganz ruhiger See beginnt die *GU* mit der Übernahme von 1500 t, anschließend die *SH* mit gleicher Menge. Am 6. Februar früh sind beide Schiffe fertig. Die Übernahme hat sehr gut geklappt. Mit SO-Kurs geht es ins Operationsgebiet. Das Wetter wird diesig mit einer Sicht von nur 3500 m, bis es nachmittags, aber bei starker Zunahme des Windes, aufklart. Der Abend überrascht mit einer wundervollen Wolkenbildung und nochmals mit Nordlicht.

Am 7. Februar werden bei Hellwerden alle Waffen besetzt. Die Schlachtschiffe stehen auf dem vermuteten Halifaxgeleitzug-Weg. Beide Einheiten marschieren 40 sm auseinander und dampfen auf NW- bzw. SO-Kurs mit 15 kn auf und ab. Der Wind frischt auf W 8 auf. Die *GU* schlingert bis 18° und nimmt sehr viel Wasser über. Einmal geht eine grüne See über das ganze Bootsdeck hinüber. Einige Männer werden schwer, andere leicht verletzt. Waffengebrauch der 15-cm-Einzelgeschütze ist völlig ausgeschlossen und bei der Flak sehr eingeschränkt. Bei solchem anhaltend schlechtem Wetter muß mit starken Ausfällen an den Waffen und an den elektrischen Anlagen gerechnet werden.

Der erwartete Geleitzug kommt leider nicht in Sicht. Es sind auch keine Einzelfahrer zu sehen. Man würde sich zwar auch mit diesen zufriedengeben, eine Beschäftigung mit ihnen würde die Schiffe unter Umständen, wenn sie funken, aber verraten, also weichen wir nach Möglichkeit aus.

Daß die beiden Schiffe tagsüber auf großen Abstand gehen, hat den Vorteil, daß der Gesichtskreis dadurch erheblich vergrößert wird. Und wird eines der beiden Schlachtschiffe von einem Gegner oder Handelsschiff gesichtet, kann er tagsüber im allgemeinen nicht auch das zweite, weit abstehende Schiff sehen und melden. Erfahrungsgemäß werden, wie bereits gesagt, einzeln fahrende deutsche Schlachtschiffe oder Kreuzer wegen ihrer sehr ähnlichen Silhouetten leicht miteinander verwechselt. Das kann nur von Vorteil sein.

Am 8. früh ortet das Dete-Gerät auf große Entfernung zwei nach Westen laufende Schiffe, der Richtung nach leere, die neue Ladung aus den USA oder Kanada für England holen wollen. Der Flottenchef hofft immer noch auf einen Geleitzug mit beladenen Dampfern und ist daher an leeren Schiffen — noch — nicht interessiert. Ab 07.15 Uhr alles auf Gefechtsstationen. Bald anschließend Beginn der Dämmerung. Es ist jetzt Zonenzeit für 15° West. Eine Stunde später wird auf 350 hm ein Mast gesichtet, der anscheinend zu einem Kreuzer der C-Klasse gehört. Die große Entfernung läßt das Schiff aber noch zu verschwommen erscheinen, als daß es zu erkennen ist. Bald sieht man die oberen Maste dreier Schiffe. Die *GU* läuft ab, Lütjens setzt aber die *SH* auf diese Schiffe an. Die *GU* dreht nach etwa einer Stunde wieder zurück, um diese Schiffe in die Zange zu nehmen, wobei angenommen wird, daß sie zu einem Geleitzug gehören. Bevor der Gegner aber in Sicht kommt, meldet die *SH*, es habe ein Schlachtschiff in Sicht. Große Enttäuschung, da die britischen großen Schiffe, zumeist zur 24 kn schnellen *Queen-Elizabeth-* oder zur *Royaloak(R)*-Klasse gehörend, mit ihren 8 : 38-cm-Kanonen stark überlegen sind. Abends meldet die *SH*, sie habe die *Ramillies* (29 150 t, 8 : 38 cm als SA, 12 : 15,2 und 8 : 10,2 cm als MA, aber nur 22 kn) auf 235 hm vor sich gehabt. Bei der guten Sicht ist anzunehmen, daß der Gegner auch die *SH* erkannt und wahrscheinlich auch identifziert hat. Nach Funkauswertung wird am nächsten Tag bekannt, daß die *SH* erkannt und gemeldet, die *GU* aber nicht festgestellt worden ist.

Die 15-cm-Einzelkanonen stehen ständig unter Wasser. Sie können z. Z. nicht besetzt werden, weil sie schon bei mittlerem Seegang völlig ausfallen.

Durch Mithören der Funksprüche zwischen *U 37* und einer »FW 200«, einem viermotorigen Landflugzeug, das wegen seines großen Aktionsradius für Fernaufklärung eingesetzt wird und auch eine gute Bombenausrüstung hat, wird bekannt, daß das Boot Fühlung an einem Geleitzug hält und mit Unterstützung von vier weiteren »FW 200« den Flugzeugen so die Möglichkeit gibt, aus dem Geleitzug fünf Schiffe zu versenken. Ein gutes Zusammenwirken zwischen Luftwaffe und Marine.

Am 10. Februar ziehen sich die *SH* und die *GU* bei starkem Wind, SW 7 bis 8, wieder auf 40 sm zur Standlinie auseinander. Wenn hier oben wieder nichts in Sicht kommt, will Lütjens nach erneuter Brennstoffübernahme nach Süden gehen, da hier oben anscheinend im Anschluß an das

Zusammentreffen mit dem Geleitzug die Handelsschiffsbewegungen sehr vorsichtig sind, auch scheint man nach Norden auszuweichen. Um ein Tief auszumanövrieren, geht der Verband mit 23 kn auf Kurs 300°.

Um 03.00 Uhr früh ist der erwartete Sturm da. Er wird schnell zum Orkan. Das Barometer sinkt auf 958 mbar. Bei Schnee- und Hagelböen wird einem Dampfer in nächster Nähe durch EM-II ausgewichen, ohne ihn zu sehen. Es wird auch kalt, bis einige Grade unter Null. Die *GU* macht Umdrehungen für 7 kn, kommt aber bei WNW 8 bis 10 kaum von der Stelle. Das Schiff ist noch trocken. Alle Verschlüsse sind dicht auf Kosten schneller Bereitschaft. Auch am 12. Februar das gleiche Unwetter. Viele ungeheure Brecher erschüttern das Schiff. Beim Turm Anton ist die mittlere Rohrhose zerrissen. Das Schiff geht für $5/4$ Stunden vor die See, um eine neue Rohrhose anzubringen und Mündungsbezüge und um sonstige Seeschäden zu beseitigen. Barometer noch auf 980. Am 13. ist das Wetter mit NW 7 bis 9/10 noch immer nicht viel besser. Entsprechend ist der Seegang. Die *GU* marschiert mit 6 kn gegen die See. Das Schiff liegt am besten, wenn die See von rechts voraus kommt, da die Wellen, wenn sie einige Dez von der Seite kommen, mit ungeheurer Wucht gegen die Aufbauten und möglicherweise gegen die Unterwasser-Außenhaut schlagen, wobei die Gefahr des Leckwerdens von Ölbunkern nicht auszuschließen ist. Abends geringes Abflauen. *GU* geht auf 10 kn.

Am 14. flaut es weiter ab. Morgens trifft der Verband die beiden Tanker auf dem befohlenen Treffpunkt. Nur noch wenig Seegang erleichtert die Übernahme. *GU* beginnt sofort mit der schon bekannten *Schlettstadt*, die *SH* mit der *Esso*. Die Zeit der Übernahme wird sinnvoll zu großem Waffenreinigen genutzt. Mit Ausnahme einiger Kabel an freistehenden Geschützen ist die Artillerie trotz der tagelangen Sturm- und Orkanfahrt voll verwendungsbereit, dank der immer vorzüglichen Arbeit der Artilleriemechaniker und der Geschützbedienungen.

Spätabends fertig, die *SH* hat eine Stundenleistung von 380 cbm, die *GU* wegen des kleinen Tankers und der damit geringeren Pumpenleistungen nur 185 cbm. Neben zwei Ölschläuchen ist noch eine dritte Schlauchverbindung für Destillat ausgebracht worden. Die ganze Besatzung, bis auf die Wache, badet erst einmal und schläft dann auf gezurrten Hängematten an Deck.

Bei dem Sturm am 12. hat ein Brecher die nach vorne überstehende Bedienungsplattform der Bb vorderen 10,5-cm-Flak nach vorne übergestülpt, so daß das Geschütz in der Schwenkrichtung nach vorne gehindert ist. Ein Zeichen für die Kraft der überkommenden Seen.

Am 15. Februar ab Mitternacht 151°, 12 kn, herrlichstes Wetter, spiegelglatte See, tags warme Sonne. Nachmittags großes 1. Wunschkonzert, gut gemacht und mit viel Verständnis aufgebaut. Die Offizieranwärter an Bord (20 See-, 5 Baukadetten) sind zu diesem Dienstgrad befördert. Am 16. Februar etwas auffrischende Brise. Das Schiff rollt bis 8°. Vormittags soll die *GU* den Versorger *Uckermark* treffen. Er ist aber nicht auf Position. Trotz guter Sicht. Hoffentlich haben ihn die Briten nicht gestellt. Sie haben gerade in der Presse bekanntgegeben, einen größeren Erfolg beim Durchkämmen des Nordatlantiks gehabt zu haben. Am 17. Februar steht die *GU* wieder mit der *SH* 40 sm auseinander »auf und ab«, nur etwa 250 sm ostwärts Kape Race (Neufundland). Die Schiffe haben leider wieder kein Glück mit dem Wetter, da die Sicht nur 35 bis 50 hm beträgt. Unter diesen Umständen einen ganzen Geleitzug in Sicht zu bekommen ist ziemlich aussichtslos, andererseits besteht die Möglichkeit, was bei der geringen Entfernung und damit der Torpedogefahr unangenehm sein kann. Auch Einzelfahrern gegenüber sind die Schiffe etwas schlecht gestellt, da eine Untersuchung der Schiffe durch ein überzusetzendes Prisenkommando (wenn Zweifel über die Ladung bei Schiffen neutraler Länder bestehen) bei diesem Seegang nicht in Frage kommt.

Nachmittags passiert die Kampfgruppe den Kern des Tiefs

mit Windstille, kabbeliger See und Regen; bald darauf kommt Regen mit Wind aus West 7 bis 8. Die *SH* wartet bei stockdunkler Nacht auf die *GU*, sie passiert auf 20 hm. Aber mittels des EM II (das deutsche Radar) geht alles so sicher und klar wie bei Tage. Der große Wert dieses Gerätes bestätigt sich immer. Es ändert die Taktik bei Nacht erheblich. Dabei ist das Gerät der *GU* seit vier Wochen kein einziges Mal ausgefallen.

Der 21. Februar: Bei sehr guter Sicht und mäßiger Dünung wartet das Kommando der *GU* wieder vergeblich. Nachmittags Start der Bordflugzeuge, die auch nichts sehen. Die »Arado 196«, die vier Wochen bei Sturm, Kälte und Regen sowie bei den schweren überkommenden Seen im Freien stand, hat sich tadellos gehalten und ist, nach problemlosem Katapultstart, heute drei Stunden ohne Schwierigkeit in der Luft gewesen. Auch die Landung bei starkem Seegang funktioniert sehr gut.

Dieses ständige vergebliche Suchen nach einem Ziel enttäuscht natürlich allmählich. Die Flotte rechnet immer noch fest damit, daß ein Geleitzug hier vorbei führt. Der Verfasser selbst glaubt, daß der Gegner weit nach Norden oder Süden ausholt, nachdem die *SH* vor zehn Tagen einwandfrei auf dem ursprünglichen Konvoi-Weg erkannt wurde. Man hört im übrigen von der Flotte dienstlich überhaupt nichts über ihre Überlegungen, nur gelegentlich privat.

Morgens erfolgt das übliche Auseinanderziehen und die Geleitzugsuche auf der Standlinie. Als gegen 10.00 Uhr einzelne Rauchwolken in Sicht kommen, beschließt der Flottenchef, Einzelfahrer anzugreifen, da der Kampfgruppe nach vier Wochen Seefahrtzeit und Suchoperationen ein Geleitzugerfolg versagt ist und die Aussichten, in den nächsten Tagen noch einen Geleitzug zu finden und angreifen zu können, nicht sonderlich groß zu sein scheinen.

Am gleichen Tage werden vier Schiffe gesichtet und versenkt.

Das folgende Verfahren spielt sich langsam ein:

Um einen feindlichen Dampfer möglichst schnell zum

Stoppen zu bringen, ihn zu zwingen, keine Funksprüche abzugeben und zur Versenkung nur wenig Munition zu verbrauchen, laufen die *GU* und *SH* ihn direkt, also mit schmaler Silhouette, an, um ihm das Erkennen zu erschweren. In größerer Entfernung bekommt er eine 28-cm-Granate vor den Bug, die ihn nicht treffen, ihm aber den Ernst der Lage eindringlich vor Augen führen soll. Gleichzeitig erhält er durch Flaggen- oder Morsesignal den Befehl, sofort zu stoppen und nicht zu funken. Bei Nichtbefolgung dieser Weisung erfolgt ein weiterer Schuß, gegebenenfalls sogar eine Salve, außerdem ist das eigene FT-Personal darauf eingerichtet, einen etwaigen Funkspruch des Dampfers sofort intensiv zu stören. Beim Näherkommen muß die Besatzung aussteigen und längsseit kommen, worauf sie über die Jakobsleiter auf die *GU* an Bord klettert. Gelegentlich fährt ein Kommando von der *GU* hinüber, um das Kartenhaus, die Kajüte oder andere Stellen nach Geheimsachen zu untersuchen. Ist niemand mehr an Bord, wird das Schiff durch Einzelschüsse mit einem 10,5 oder 15-cm-Geschütz, eingerichtet durch den besten Geschützführer, beschossen, und zwar in der Wasserlinie bei aufschlingerndem Schiff.

Mit diesem Verfahren können die meisten Schiffe ohne größeren Zeitverlust und ohne verräterisches Funken versenkt werden. Manche Besatzungen zeigen Mut und Opferbereitschaft, ohne Rücksicht auf ihr Leben funkt ihr FT-Personal unentwegt, auch dann, wenn die Funksignale gestört werden. Sie entschuldigen sich bei der Gefangennahme, sie hätten entsprechende Befehle der Britischen Admiralität befolgen müssen.

Alle Schiffe waren bewaffnet, meist mit einer 10,2-cm-Kanone und einem 4-cm-Geschütz am Heck, geschossen hat aber keines der Schiffe.

Nachmittags wird das Flugzeug zur weiteren Suche ausgesetzt. Es kehrt nach zwei Stunden zurück und meldet, es habe einen Dampfer getroffen, ihn mit 2-cm-Geschossen, MG-Salven und Bomben angegriffen und einen Beutel mit Kursanweisung auf die Brücke geworfen. Um alle diese

Aufforderungen, die doch deutlich und bedrohlich genug waren, habe sich der Dampfer aber nicht gekümmert.

Nachdem sich die *SH* abends bei uns eingefunden hat, versuchen beide Schiffe den am Tage durch das Flugzeug aufgespürten Dampfer zu entdecken. Er kann inzwischen ja auch seinen Kurs geändert haben. Beide Schlachtschiffe marschieren in der Dunkelheit nach Osten und bekommen um 22.00 Uhr in 358° Schiffspeilung auf 198 hm eine EM II-Ortung. Der Flottenchef entscheidet einen Angriff durch die *GU* und ein Absetzen der *SH*, damit sie sich nicht gegenseitig stören, gleichzeitig aber sichern. Durch den Schußwertrechner werden bald Kurs und Fahrt des Schiffes ermittelt, und die *GU* tastet sich behutsam und von achtern heran. Das fremde Schiff kommt auf 45 hm in Sicht, auf 25 hm wird unter Scheinwerferbeleuchtung mit der Mittelartillerie das Feuer eröffnet. In wenigen Minuten brennt das Schiff und bekommt starke Schlagseite. Es werden 32 Überlebende aufgenommen, die in einem Kutter und in Flößen längsseit gekommen sind. Die Übernahme dauert längere Zeit unter Beleuchtung durch Scheinwerfer, aber die *SH* steht sichernd in der Nähe.

Der überfallartige Angriff auf den Dampfer erfolgte, weil er abgeblendet fuhr. Der Kapitän gibt zu, daß sein Schiff das gleiche sei, dem das Bordflugzeug einen Beutel mit Kursbefehlen usw. auf die Brücke geworfen habe. Er habe diesen Beutel aber gleich, ohne ihn zu lesen, über Bord geworfen. Im übrigen habe er gefunkt, von einem Flugzeug angegriffen worden zu sein. Da die große, viermotorige »FW 200« noch keine so weite Strecke fliegen kann, ergibt sich folgerichtig für den Gegner, daß diese Maschine von einem deutschen größeren Kriegsschiff stammen muß.

Am 23. Februar erneutes Auseinanderziehen. Aber nichts kommt in Sicht. Den rund 150 Gefangenen geht es gut. Ihre Unterbringung ist natürlich ein Provisorium, denn jetzt sind 2050 Mann an Bord. Am 26. Februar kann die Besatzung kaum schlafen. Das Schiff schlingert stark, denn es sind nur noch 2000 t statt 6000 t Brennstoff in den Tanks. Beide Schiffe haben daher entsprechend weniger Tiefgang. Nachmittags Treffen mit dem Versorger *Ermland* und dem Tanker *Friedrich Breme*. Wegen des starken Seegangs wird die Ölübernahme verschoben. Am nächsten Tag erfreut herrliche Wärme, strahlende Sonne. Wer nichts zu tun hat, liegt nur mit einer Sporthose bekleidet an Deck.

28. Februar: Um 07.00 Uhr ist die Übernahme beendet. Es sind wieder 6000 t in den Tanks. Die 148 Gefangenen werden an die *Ermland* abgegeben, zurück werden nur die vier Kapitäne behalten. Sie leben in einer gemeinsamen Kammer. Dann geht es mit Ostkurs gegen die Nord-Süd-Geleite. In der nächsten Nacht $+19°$, mittags sind im Schatten sogar 24° C. Sonne, achterlicher Wind. Zur Brennstoffersparnis wird eine Turbine abgeschaltet. Marschfahrt 15 kn.

2. März: Herrlicher Sonntag. Vormittags Bordgottesdienst unter Teilnahme des Flottenchefs. Am nächsten Tag herrscht auf der Brücke Aufregung, da mehrere Ziele durch das EM II-Gerät gemessen werden, die sich später als die Kanarischen Inseln in 350 km Entfernung herausstellen.

Am 5. März abends werden die Schiffe von *U 104* gesichtet und gemeldet:

»Zwei Schlachtschiffe im Quadrat ..., 200° — geringe Fahrt.« Die U-Boote wissen doch, daß deutsche Schlachtschiffe möglicherweise in dieser Gegend sind. Sie werden vom BdU nochmals ausdrücklich darauf hingewiesen, daß die *GU* und die *SH* in diesen Gewässern operieren.

Am 6. März steht die *GU* auf 24° N, 20° W. Wenig Seegang und wenig Wind, brennende Sonne, unendliche Sicht. Auf 250 hm wird ein U-Bootsturm gesichtet. Auf Scheinwerferreichweite wird ES ausgetauscht. Das Boot ist *U 124*, Kommandant ist Kapitänleutnant Wilhelm Schulz. Das Boot kommt in Rufweite zum Austausch von Feindnachrichten und Absichten. Beide Besatzungen halten sich, soweit möglich, an Deck auf. Für alle ist es ein einmaliges Erlebnis, daß sich deutsche Schiffe mitten im Kriege im großen Atlantik so friedlich treffen.

Die *GU* steht am nächsten Vormittag noch weiter südlich, auf 19° 31' N mit Kurs 160°. Gegen 11.00 Uhr meldet die *SH*, die 35 sm westlich marschiert, in etwa 22 sm voraus ein Schlachtschiff mit westlichem Kurs. Auf der *GU* sichtet man gegen Mittag erst einen, dann mehrere Dampfer, und schließlich sind es zwölf. Ein Kriegsschiff ist dabei nicht zu entdecken. Bald aber kommt das erwähnte Schlachtschiff bei der *SH* in Sicht. Im Verlauf der nächsten beiden Tage erleben die deutschen Schiffe ein ständiges Hin-und-her-Spiel mit dem Gegner, dem Geleitzug als das Ziel und der *Malaya*, als die sich das Schlachtschiff herausstellt, und zwei Leichten Kreuzern der *Aurora*-Klasse, wobei wir versuchen, die Kriegsschiffe vom Geleit abzuziehen. Die deutschen Schiffe kommen aber nicht an die Dampfer heran. Der Flottenchef gibt daher seine Angriffsabsicht auf den Geleitzug auf und meldet durch Kurzsignal beabsichtigtes Tanken aus der *Ermland* und danach Operieren auf der Nordroute. Gerade beim Ablaufen kommt noch ein Schwimmerflugzeug in Sicht, das Fühlung hält und meldet. Jetzt ist dem Gegner zum ersten Mal völlig klar, daß die *GU* und die *SH* hier gemeinsam operieren.

Es ist eine große Enttäuschung, in über 6½ Wochen zwei Geleitzüge gesichtet zu haben, die aber beide durch überlegene Schlachtschiffe gesichert und daher keine Angriffs-objekte waren. Der Gegner weiß nach den Erfahrungen mit den Schweren Kreuzern *Admiral Hipper* und *Admiral Scheer*, die beide aus ungenügend gesicherten Geleiten eine große Zahl von Schiffen versenkten, daß bei der Anwe-senheit der *GU* und der *SH* im Atlantik ausreichende Sicherung nur durch Schlachtschiffe möglich ist.

Am 11. März: Ölübernahme der *GU* aus der *Uckermark*, der *SH* aus der *Ermland*, der früheren *Altmark*. Beides sind Marine-Versorgungsschiffe, die 21 kn laufen. Am nächsten

Tag noch Proviantübernahme für eine weitere Woche. An Bord der *GU* ist zwar noch Verpflegung für acht Wochen, der Kommandant will aber für noch längere Zeit eingerichtet sein. Man kann nicht wissen, wie lange die Schiffe draußen bleiben, und auch, ob noch andere Schiffe verproviantiert werden müssen. Nachmittags ist Kommandantensitzung beim Flottenchef, an der auch die Troßschiff-Kapitäne teilnehmen. Abends Marsch nach Norden. Die beiden Troßschiffe werden mitgenommen. Sie sollen die Aufklärungslinie außerhalb der beiden Schlachtschiffe nach außen verlängern, und zwar bei einem Abstand zwischen den vier Schiffen von je 30 sm.

Heute, am 15. März, vor drei Wochen versenkte die *GU* vier Schiffe, und es scheint, als ob neue Beute geholt wird. Früh morgens sichtet das linke Flügelschiff, die *Uckermark*, nämlich einen Tanker auf Westkurs. Die *GU* marschiert hinterher. Ein Warnschuß, dicht am Schiff, läßt den Tankerkapitän stoppen. Durch Splitter wird zudem sein Funkraum getroffen. Ein Prisenkommando mit Leutnant zS Westrip geht an Bord, untersucht das Schiff und setzt es in Marsch zur Girondemündung. Zwei weitere Tanker werden angehalten und mit Prisenkommandos unter den Reserve- und Handelsschiffskapitänen, den Leutnanten zS Grenz und Klemp, ebenfalls zur Girondemündung in Marsch gesetzt. Leider werden einige Tage später zwei von ihnen durch englische Schiffe angehalten. Sie können sich aber noch selbst versenken, bevor die deutschen Marineangehörigen in Gefangenschaft geraten. Die dritte Prise erreicht unter Klemp ihr Ziel.

Am 16. März treffen die Schlachtschiffe weitere Dampfer. Nach dem üblichen Verfahren werden sie angehalten, die Besatzungen übernommen und die Schiffe versenkt. Nur das letzte und gleichzeitig kleinste macht Schwierigkeiten. Es reagiert nicht auf unseren Stoppbefehl, sondern läuft unter Einnebeln und ständigen Kursänderungen ab, so daß es der *GU*-Artillerie sehr erschwert wird, das Schiff zu treffen. Es brennt schließlich vorn und achtern, und die Besatzung steigt in ihre Boote. Drei Mann werden aus einem Kutter übernommen. Während ein anderer mit etwa 25 Mann zur Rettung der Besatzung längsseit liegt, meldet plötzlich die abseits liegende *Uckermark* ein sich uns schnell näherndes großes Kriegsschiff, das sie gleich darauf als *Nelson* oder *Rodney* angibt. Dieses Schiff ist uns mit seinen 9 : 40,6-cm-Geschützen stark überlegen. Auf der *GU* müssen die Leinen des Kutters losgeworfen werden in der Gewißheit, daß der Gegner die Männer im Boot bald retten wird. Von den Überlebenden ist zu erfahren, daß der Name des kleinen, sich so tapfer wehrenden Gegners *Chilean Reefer* ist, ein dänisches 14 kn-Schiff, das jetzt mit noch einem Drittel dänischer Besatzung unter einem britischen Kapitän unter britischer Flagge fuhr. Dieser hat im Februar 1969 über diese letzte Stunde seines Schiffes in der dänischen Schiffahrtszeitschrift »Under Dannebrog« berichtet.

Die *GU* hat Glück, daß die nur 23,5 kn schnelle *Rodney* nicht sofort mit ihrer weit überlegenen Artillerie angreift, dadurch bleibt Zeit, durch Ausweichbewegungen und hoch gesteigerte Fahrt zu entkommen. Nach dem Sammeln mit der *SH* geht der Verband auf Ostkurs mit Richtung auf Brest.

Die Atlantik-Unternehmung nähert sich ihrem Ende. Die Aufgabe lautete: Angriffe auf die durch den Atlantik laufende Zufuhr nach England. Die Schlachtschiffe konnten sie nicht erfüllen. Der Verlust von 115 696 BRT Schiffsraum traf den Gegner zwar schwer, aber es waren Schiffe auf Westkurs, also Schiffe ohne Ladung, die in amerikanischen Häfen neue Kriegs- und Lebensgüter für England laden sollten. Sie waren aus englischen Häfen zunächst in Geleitzügen ausgelaufen. Diese hatten sich aufgelöst, als man nicht mehr an eine unmittelbare Gefahr durch deutsche Schiffe oder U-Boote glaubte. Neben dem Verlust von viel Schiffsraum wiegt für den Gegner auch der Verlust der eingefahrenen Besatzungen der versenkten Schiffe schwer. Viel wichtiger aber ist die Tatsache, daß während der Operationen der beiden deutschen Schiffe, die dem Gegner ja nicht verborgen geblieben waren, ganze Geleitzüge gestoppt bzw. nicht beladen wurden. Die sekundären Folgen der Anwesenheit der deutschen Schlachtschiffe im Atlantik werden so zum primären Erfolg. Außerdem, auch das war Raeders Absicht, wurde schwere britische Seestreitkraft gebunden. So gesehen, war die Unternehmung ein großer Erfolg.

Es liegt kein Befehl vor, zu einem bestimmten Zeitpunkt die Unternehmung abzubrechen. Der Flottenchef wählt aber diesen 16. März, weil er unterrichtet ist, daß in Kürze, wahrscheinlich noch Ende April, die *Bismarck* mit der *Gneisenau* zur Fortsetzung des atlantischen Handelskrieges auslaufen sollen, und es ist dringend notwendig, vorher eine kürzere Maschinenüberholung durchzuführen, vor allem eine Neuberohrung einiger Kessel. Die *Scharnhorst* würde sich einige Wochen später anschließen können.

Der Marsch nach Brest verlief ohne besondere Ereignisse, wenn davon abgesehen wird, daß mehrfach Radflugzeuge gesichtet wurden, die nur zu einem Flugzeugträger der »Force H« gehören konnten. Am 19. März war ein Teil der 400 Gefangenen beider Schlachtschiffe an die Troßschiffe abgegeben worden, die unbehelligt La Pallice erreichten. Der norwegische Tanker *Polykarp* lief als Prise unter Führung des Leutnant zS Klemp am 24. März in die Gironde ein. Die beiden Schlachtschiffe hatten noch einige unruhige Stunden vor sich, als sich herausstellte, daß die zur Ansteuerung von Brest errichteten Feuer und Leuchtbojen nicht oder mit verkehrter Kennung brannten, und der Navigationsoffizier der *GU*, der die navigatorische Führung von der Flotte übertragen war, mit seinem Obersteuermann ein Meisterstück in terrestrischer Navigation leistete.

Mit der üblichen U-Boot- und Minensicherung lief der Verband am 22. März früh auf die Reede von Brest ein, ankerte kurz bis zur Helligkeit, und *GU* lief dann in das vorgesehene Trockendock, das sich zunächst nur als normaler Liegeplatz benutzen ließ, da das Docktor noch nicht klar war.

Die Unternehmung hat genau zwei Monate gedauert. Sie ist insofern planmäßig durchgeführt worden, als der Durchbruch in den Atlantik, die regelmäßige Ölübernahme und die Vernichtung feindlichen Schiffsraums, wie vorgesehen, durchgeführt worden ist. Daß nur leere Schiffe erfaßt werden konnten und die Schlachtschiffe zweimal Geleitzüge mit für England bestimmten Gütern laufen lassen mußten, ist ein bitterer Minuspunkt. Die Seekriegsleitung hatte aber den verständlichen Befehl gegeben, sich nicht in ein Gefecht mit artilleristisch überlegenem Gegner einzulassen.

Die Besatzung war vielerlei Strapazen ausgesetzt. Sie erlebte den Wechsel von äußerster Kälte bis zu tropischer Temperatur und orkanartige Stürme, und ihnen wurde viel abverlangt. Häufiger Alarm und das Schlafen der Freiwache, angezogen auf gezurrter Hängematte, bot keine Erholung. Andererseits erlebte jeder die Spannung beim Zusammentreffen mit Schiffen und die Enttäuschungen über nur leere Schiffe und über den Zwang, die Geleitzüge nur sehen, aber nicht angreifen zu können. Jedermann hat mit Freude und persönlichem Einsatz an dieser ersten Unternehmung eines Schlachtschiffes im Kriege in den atlantischen Gewässern teilgenommen und kann mit berechtigtem Stolz erzählen, dabeigewesen zu sein. Trotz aller körperlichen Anstrengungen ist der körperliche Zustand der Besatzung gut. Am letzten Gefechtstag, dem 16. März, gibt es noch einen Unglücksfall: Beim Abschuß einer 10,5-cm-Granate vom Stb vorderen Geschütz fällt durch den Luftdruck das Positionslampenbrett herunter und dem Oberfeuerwerker Schwarz auf den Kopf. Er erleidet einen Schädelbruch, muß ins Lazarett, erholt sich aber so weit, daß er nach dem Kriege einen Beruf ausfüllen kann.

Werftliegezeit in Brest

Nach dem Einlaufen der beiden Schlachtschiffe in Brest am 22. März 1941 ist für die *GU* eine mehrwöchige Maschinenüberholung vorgesehen, um sie anschließend der *Bismarck* zur Handelskriegführung im Atlantik anzuschließen. Längere Reparaturen sind nicht notwendig, und die Besatzung kann hoffen, daß es planmäßig etwa in der 2. Aprilhälfte wieder losgehen wird. Das Schiff liegt in einem der beiden Trockendocks und wartet darauf, daß das Docktor instandgesetzt wird, um es zum Eindocken zu lenzen. Am 4. April ist es so weit. Das Wasser fällt langsam, und das Schiff liegt schließlich am 5. auf den vorbereiteten Dockstapeln. Als es trockengefallen ist, wird unter dem Schiffsboden, zwischen zwei Dockstapeln, eine Flugzeugbombe entdeckt, die unbeschädigt ist. Wahrscheinlich ist es eine Langzeitbombe. Sollte sie in den nächsten Tagen in dieser Lage detonieren, kann sie den Schiffsboden mit allen sich daraus ergebenden Folgen aufreißen. Der I. Offizier, der den beurlaubten Kommandanten vertritt, entschließt sich nach Beratung mit Experten, das Dock wieder aufzufüllen, die *GU* herauszuziehen, draußen an eine Boje zu legen und die Bombe nach Entwässern des Docks vom Munitionsentschärfungspersonal unschädlich machen und entfernen zu lassen. Da in den letzten Tagen bei Luftangriffen auf die Liegeplätze mehrfach Langzeitbomben aufgefunden und entschärft worden sind, besteht die Wahrscheinlichkeit, daß die *GU*-Bombe kein Blindgänger, sondern eine Bombe mit Langzeitzünder ist.

Am 5. April verholt die *GU* mit Schlepperhilfe an die Boje A; Torpedoschutznetze sind nicht vorhanden. Am nächsten Morgen, dem 6. April um 07.16 Uhr, starke Erschütterung im Schiff. Ein einzelnes Flugzeug greift bei Wind NNO 6—7, niedriger Wolkendecke und einer Sicht von nur 1000 m das Schiff in einer Flughöhe von 15 bis 20 m mit einem Torpedo an, der das Schiff Stb achtern in Abteilung IV trifft und die achteren Artillerie-Rechen- und -Schaltstellen sowie andere wichtige Räume ausfallen ließ. Das Flugzeug ist erst auf 600 m Entfernung gesichtet worden, es wird heftig beschossen und stürzt nach seinem erfolgreichen Angriff ab. Ein sehr geschickter, tapfer durchgeführter Angriff. Der Pilot, der dabei getötet wird, erhält nachträglich das »Victoria Cross«. Durch diesen Treffer verliert die GU ihre Reserveführungselemente der Artillerie, die vorderen Anlagen reichen aber aus, um ein Gefecht beider Seezielkaliber nach beiden Seiten zu führen.

Das Schiff dockt wieder ein, nachdem der Blindgänger entfernt worden ist. Am 10. April um 23.35 Uhr wird die GU erneut das Ziel englischer Flugzeuge: Vier Bomben treffen das Schiff. Eine trifft den Schwenkkranz Oberkante Turm Bruno ganz leicht, detoniert an der Barbette dieses Turmes an Stb, durchschlägt den Oberdeckspanzer des Turmes und drückt ihn nach innen ein. Die zweite Bombe nimmt den gleichen Weg, detoniert auf dem Panzerdeck beim Turm Bruno an Stb. Die dritte Bombe durchschlägt das Aufbaudeck, das Oberdeck (hier den Operationsraum) und das Batteriedeck an Stb beim Spant 148, hart neben dem Panzerluk in Abt. XIV, und detoniert im Zwischendeck an Stb von Turm Bruno. Die vierte Bombe ist ein Blindgänger. Sie wird erst am 25. April beim Aufräumen im Batteriedeck in der Ecke zwischen Kantinenraum und Deckswand gefunden. Sie wiegt 270 kg, und es ist anzunehmen, daß auch die anderen drei Bomben dieses Gewicht hatten, obwohl man zunächst an 1000 kg glaubte.

Die Verluste sind erheblich. Es werden zunächst 78 Gefallene und 84 Verwundete gezählt, von denen einige noch sterben. Die transportfähigen Männer werden nach Paris in ein Wehrmachtslazarett gebracht. Unter den Gefallenen sind 18 Offiziersanwärter, die erst vor wenigen Tagen an

Bord gekommen sind, um auf der *Gneisenau* ihre Bord-
ausbildung zu erhalten. Auch einer der Ärzte, der Marine-
Assistenzarzt d. R. Zschocke, verlor sein Leben. Und mit
ihm insgesamt 88 Kameraden, die wir am 15. April auf dem
Friedhof in Brest mit militärischen Ehren und mit Ansprachen des Kommandanten, Kapitän zur See Fein, und des
Flottenchefs, Admiral Lütjens (der sechs Wochen später mit
seinem Flaggschiff, der *Bismarck*, untergeht), beisetzen. Sie
werden später von Brest auf den deutschen Sammelfriedhof
in Lesneven in der Mittelbretagne übergeführt.

Der technische Schaden, den diese 3 Bomben angerichtet
haben, ist erheblich:

— Der Turm Bruno kann nicht geschwenkt werden,
— die vordere Fla-Schalt- und Rechenstelle ist vorübergehend ausgefallen,
— die vordere E-Kompaßanlage ebenfalls und ferner
— ein Teil der Bü-Mittel in der Kommando-Zentrale.
— Das Panzerdeck wurde nicht durchschlagen, sondern
  nur an der Trefferstelle durchgebogen.
— Die Kombüse und die Bäckerei sind vollständig zerstört,
  ferner sind
— alle Wohndecks ab Abt. XIII nach vorn durch Bombentreffer oder durch Brand ausgefallen. Daher fehlen Un-
  terbringungsplätze für ein Drittel der Besatzung.
— Das als Reserve beim Ausfall des von der *GU* benutzten
  Trockendocks (und für die *Scharnhorst* vorgesehene)
  andere Trockendock ist noch völlig unklar. Es hat kein
  Docktor und ist seit der deutschen Besetzung noch nicht
  gelenzt worden.

Bei einer Werftsitzung am 14. April wird festgestellt, daß
die Reparatur der Trefferschäden im Achterschiff durch den
Torpedotreffer vier Monate dauern wird, und daß die Ausführungen sämtlicher Arbeiten im Vorschiff sechs Monate
brauchen werden. Beim Verzicht auf nicht lebensnotwen-

dige Arbeiten lassen sich die Reparaturen höchstens auf vier Monate reduzieren.

Das größte Problem ist zunächst die Unterbringung der Besatzung. Da bei den Werftarbeiten nur ein kleinerer Teil der Besatzung gebraucht wird und um möglichst viele Männer aus dem Bereich von Luftangriffen zu entfernen, wird der SVO, KKpt(V) Bethmann, beauftragt, nach einer brauchbaren Massenunterbringung zu forschen. In Verbindung mit den zuständigen deutschen und französischen Stellen findet er ein gut geeignetes Hotel in Le Tréboul, einem sehr schön gelegenen kleinen Badeort in der Nähe von Douarnenez. Am 17. April geht der erste Transport von 400 Mann dorthin. In Abständen einiger Wochen werden die »Badegäste« abgelöst. Ein weiterer Besatzungsteil, der tagsüber an Bord gebraucht wird, fährt abends in eine nahegelegene Unterkunft, so daß nur ein kleiner Teil von Fachkräften, vor allem aus den Schiffssicherungsstationen und von der Flak sowie das E-Personal, an Bord bleibt.

Am 17. April kommt Großadmiral Raeder an Bord. Er spricht zur Besatzung und unterrichtet sich über die Art der Schäden und die Dauer der Wiederherstellung des Schiffes. Er befiehlt die Aufstellung einer Tarnkompanie aus dem Personal der nicht einsatzfähigen Schiffe. Sie soll dem Oberwerftdirektor zur Tarnung der Werftlieger und der Umgebung der Docks zur Verfügung stehen. Mit Tarnmatten werden das Schiff und die Umgebung des Docks getarnt. Zum Schutz gegen Treffer wird das Oberdeck außerdem mit dicken Panzerplatten ausgelegt. Die SH blieb bisher unbeschädigt. Sie konnte ihre Maschinenüberholung planmäßig durchführen und in der zweiten Julihälfte Probefahrten in See machen. Als sie anschließend nach La Pallice geht, wird sie am 24. Juli von einem großen Bomberpulk mit schweren Bomben angegriffen. Sie verursachen große Schäden, vor allem an den elektrischen Anlagen. Das Schiff muß nach Brest zurücklaufen und in das inzwischen in Ordnung gebrachte zweite Trockendock gehen. Einige Wochen vorher läuft der Schwere Kreuzer *Prinz Eugen*, der zusammen mit dem später gesunkenen Schlachtschiff *Bismarck* operierte, ebenfalls in Brest zu Maschinenüberholungen ein. Am 2. Juli ereilt auch sie das Schicksal der beiden großen, im gleichen Hafen liegenden Schiffe: Bei einem Luftangriff erhält sie einen Treffer, der schwere Schäden in den Schiffsführungsanlagen und den Tod von 60 Mann, darunter den des I. O, verursacht. So liegen jetzt drei Schiffe in der Werft, die annähernd gleichzeitig fertig werden.

Die Reparaturen an der *GU* werden planmäßig durchgeführt. Dabei hat das Kommando eine besondere Hilfe durch Baurat Strohbusch, der die schwierigen Arbeiten mit viel Fachkenntnis, großer Tatkraft und Begeisterung leitet. Je mehr sich die Werftzeit ihrem Ende nähert, desto größer wird die Spannung über die Frage: »Wie werden wir eingesetzt, wenn wir wieder gefechtsklar sind?«

Doch zunächst noch zu den letzten Werftarbeiten. Die *GU* erhält zwei Torpedorohrsätze von je drei Rohren, die achtern hinter Turm Cäsar aufgebaut werden. Außerdem wird die Flugzeuganlage umgebaut. Das Schiff erhält eine Halle mit eingebauter Schleuder, so daß ein Flugzeug aus der Halle hinauskatapultiert werden kann. In der Reede von Brest werden Klingscheiben- und Abkommschießen durchgeführt, Abstimmung der Funkanlage und Schießen mit Übungstorpedos.

Wie die weitere Verwendung auch sein wird, das lange Stilliegen und der starke Besatzungswechsel machen es zwingend, vor einem Einsatz ein kurzes Schießen der SA und eine hochgesteigerte Fahrt zur Erprobung der Maschinenanlage vorzusehen.

Damit ist das Ende der Werftliegezeit in Brest erreicht, gleichzeitig aber beginnt der neue Abschnitt über die Verwendung der drei Schiffe in der dann folgenden Periode.

Der Marsch durch den Kanal

Der Gegner beginnt sich bald nach dem Einlaufen der Schlachtschiffe in Brest Gedanken über die künftigen Absichten der deutschen Seekriegsleitung (Skl) für die weitere Verwendung der beiden Schlachtschiffe in Brest zu machen, wo man jetzt die so lange ersehnte strategische Position besitzt, von der aus die Schiffe in nur kurzer Zeit im Atlantik die nach England gehenden Geleite angreifen könnten. Aus dieser Befürchtung heraus arbeiten die Royal Navy und die britische Airforce zusammen, um gemeinsam die *Gneisenau* und die *Scharnhorst* an solchem Ausbrechen in den Atlantik zu hindern. Die Wirkung des Torpedotreffers vom 6. April bleibt lange unbekannt, weil der Flugzeugführer bei dem Angriff ums Leben kam und den Erfolg nicht melden konnte. Der Erfolg des Bombenangriffs vom 10. April ist in London bekanntgeworden, obwohl die Dauer einer Reparatur unbekannt blieb.

Ein gutes Mittel gegen ein Auslaufen eines oder beider Schiffe ist die Sperrung der Gewässer vor Brest. Bereits Ende März legt der schnelle, 2650 ts große Minenleger *Abdiel* in zwei Operationen fast 300 Minen in die Anmarschwege vor Brest, die im April durch 106 weitere Minen durch Flugzeuge ergänzt werden. Das Küstenkommando der britischen Luftwaffe richtet zusätzlich zu den Bombenangriffen und dem Minenlegen eine ständige Aufklärung vor Brest ein, die sicherstellen soll, daß die beiden Schlachtschiffe sofort gemeldet werden, falls sie aus Brest auslaufen sollten.

Man sieht, daß sich die britischen Kommandostellen frühzeitig Gedanken über die künftige Verwendung der beiden deutschen Schlachtschiffe machen und rechtzeitig Gegenmaßnahmen treffen. Bereits am 29. April 1941 gibt das britische Luftfahrtministerium, dem die gesamte Luftwaffe, außer den auf den Flugzeugträgern eingesetzten oder für sie vorgesehenen Flugzeugen, untersteht, eine Lagebetrachtung und sich daraus ergebende Befehle an seine drei unterstellten Oberkommandos: das für die Küstenkriegführung (coastal command), das der Bomberverbände (bomber command) und das der Jägerverbände (fighter command). Diese Richtlinien basieren auf der Annahme, daß die beiden Schlachtschiffe in der Zeit vom 30. April bis 4. Mai durch den Englischen Kanal in deutsche Häfen laufen und daß sie die Straße von Dover wahrscheinlich während der Dunkelheit passieren werden. Wahrscheinlich werden sie durch Zerstörer und Schnellboote geleitet. Außerdem besteht die Wahrscheinlichkeit, daß 120 »Me 109« aus den Bereichen Pas de Calais und Brest nach Cherbourg verlegt worden sind, zusammen mit den »Me 110« in Brest. Und diese Flugzeugverbände werden vermutlich den deutschen Schiffen während ihres Marsches bei Tage im Raum Cherbourg einen sehr guten Schutz geben.

Die Anordnungen bleiben im Verlauf des Jahres für die britische Luftwaffe gültig, wenn auch inzwischen bekannt ist, daß die drei Schiffe in Brest durch schwere Luftangriffe erhebliche Schäden erlitten haben. Die Stationierung von Luftwaffenverbänden verliert aber leider ihre Gültigkeit.

Eine Lagebetrachtung des gegnerischen Oberbefehlshabers des Küstenkommandos vom 8. Februar 1942 lautet in den wichtigsten Teilen: Alle drei Schiffe liegen in Brest, ebenso vier große Zerstörer und eine Anzahl Schnellboote und Minensucher. Während der letzten Tage haben die drei großen Schiffe im freien Wasser Übungen durchgeführt, und man kann annehmen, daß sie seeklar sind. Im Fall A können sie aus Brest unter dem dort versammelten Geleitschutz in kurzer Zeit in den Atlantik vorstoßen und bald verschwinden, um entweder ins Mittelmeer zu laufen oder um Island herum in die Nordsee, wobei sie unsere Handelsschiffahrt erheblich schädigen können. Der Fall B bedeutet

Rechts: Der Rest der 1. Division nach dem Treffer im Turm Anton.
Rechts unten: der vierte Mann ist der einzige vom Turm Anton, der durch Zufall gerettet wurde. Es ist der Turmführer, Ob-Stückmeister Christiansen.

Mitte: Der ObdM Großadmiral Raeder besucht am 24. März unser Schiff und schreitet hier die Front der XIII. Division ab; neben ihm der Kommandant, hinter ihm der Divisionsoffizier Kapitänleutnant (W) Heinz und der Adjutant Oberleutnant zS Sternberg.

Unten: Durch den Zwang, wegen eines bevorstehenden Luftangriffs bei auflaufendem Wasser in die Brunsbütteler Schleuse einlaufen zu müssen, wird das Schiff durch den Strom so herumgedrückt, daß es quer zum Fahrwasser liegt, aber mit eigener Kraft in die Schleuse hineindrehen kann.

Links oben: An Bord: der Flottenchef Admiral Schniewind mit dem BdS Vizeadmiral Ciliax.

Rechts oben: Zum letzten Mal: der Kommandant mit seinen Stabsoffizieren. Von links: Korvettenkapitän (Ing.) Kuppe, Korvettenkapitän (V) Mühlenkamp, Korvettenkapitän Bredenbreuker, Korvettenkapitän Spörel, Korvettenkapitän Kähler, Kapitän zS Fein, Kapitän zS Peters, MarObStabsarzt Dr. Thermann, MarPfarrer Schlemm.

Unten: Schlachtschiff *Gneisenau* läuft wegen schwerer Vereisung der westlichen Ostsee hinter zwei Eisbrechern, dem Linienschiff *Schlesien* und dem Eisbrecher *Castor* nach Osten. Erst ab Rügen kann sie ohne Eisbehinderung mit eigener Kraft nach Gotenhafen gehen.

Abschiedsabend
in der Oberfeld-
webelmesse.

Am 4. März
findet auf dem
Kieler Ehren-
friedhof die
Trauerfeier
für 112 ge-
fallene Ka-
meraden statt.
Ein Ehrenzug
schießt drei
Ehrensalven.

Antreten zur letz-
ten Musterung.
Am Flügel (mit
Schärpe) der vom
ObdM wegen
großer Tapferkeit
und besonderer
Leistungen zum
Offizier beförderte
frühere Oberpum-
penmeister Paul
Schwarz. Der dritte
neben ihm (mit
Dolch) ist der
Obermaschinist
Zech, der 15 Jahre
später Schiffs-
technischer Offizier
der 4. *Gneisenau*
wird.

Der Kommandant verabschiedet sich in Gotenhafen von seiner Besatzung.

Der Kommandant wird von seinen Offizieren von Bord gepullt.

einen Durchbruch durch den Englischen Kanal und Rückkehr in deutsche Häfen, in denen bessere Reparaturmöglichkeiten sind und die Besatzungen ausreichend ausgebildet
werden können, um wieder einen Höchststand an Gefechts-
wert zu erreichen. Während man Fall A zwar nicht völlig
außer acht lassen kann, besteht eine große Wahrscheinlichkeit, daß Fall B in Betracht kommt und nach dem 10. Februar sehr bald Wirklichkeit wird. Wenn die Wetterlage es
zuläßt, wird ständige Aufklärung von der Abend- bis zur
Morgendämmerung geflogen, ferner zwei Küstenüberwa-
chungen, eine zwischen Quessant und der Insel Brehat und
die andere zwischen Le Havre und der Somme.

Die britischen Führungsstellen richten sich also auf einen
Marsch der deutschen »Brest«-Schiffe durch den Englischen
Kanal in die Heimat ein, weil dieser Weg der kürzeste ist
und weil die deutschen Besatzungen wegen der langen
Liegezeit sowie wegen Personalwechsels nicht genügend für
einen längeren Einsatz im Atlantik gegen einen stärkeren
Gegner ausgebildet sind. Sie schätzen den Zeitpunkt eines
Kanaldurchbruchs auch fast auf den Tag genau ein. Wie
sind die deutschen Absichten und Entscheidungen? Die Skl
setzt sich für eine weitere Verwendung im Atlantik ein,
obwohl dort gegenüber den Verhältnissen im Frühjahr eine
neue Lage eingetreten ist. Der Gegner hat alle für die *Bismarck* und *Prinz Eugen* aufgestellten Versorger und Tanker
kurz nach der Versenkung der *BS* gestellt, die sich selbst
versenkten oder als Prise übernommen wurden. Wie kam es
dazu? Man glaubte zunächst an Nachlässigkeit oder gar an
Verrat. Hatte einer der Tankerkapitäne sein Schiff nicht
versenkt, sondern mit allen Geheimsachen dem Gegner
übergeben? Heute wissen wir, daß die Engländer vor der
Versenkung von *U 110*, das seine Geheimsachen nicht rechtzeitig hatte über Bord werfen oder auf andere Weise vernichten können, in den Besitz der Chiffriermittel und
Schlüsselunterlagen kamen und nun in der Lage waren, von
Fall zu Fall bzw. periodisch die deutschen Funksprüche zu
dechiffrieren, so wie das im umgekehrten Falle auch der

deutsche Funkbeobachtungsdienst (B-Dienst) mit großem Erfolg praktiziert und auch weiterhin tun wird.

Der Verlust aller Tanker und ihrer eingefahrenen Besatzungen wiegt schwer, da Ersatz nicht zur Verfügung steht und daher längere Unternehmungen im Atlantik kaum durchgeführt werden können. Es erhebt sich die intern oft besprochene Frage, ob der Rückmarsch in heimische Häfen nicht am einfachsten durch den englischen Kanal durchgeführt werden könne. Der ObdM hält ihn aber für unmöglich, da das Risiko durch leichte, in großer Zahl zu erwartende See- und Luftstreitkräfte, durch navigatorische Schwierigkeiten und Minen ungeheuer groß ist. Er hält es für unmöglich, mit den unzureichenden Minensuch- und Geleitstreitkräften den Weg genügend zu sichern. Hitler setzt dem entgegen, daß es von kriegsentscheidender Bedeutung ist, den nach seiner beharrlichen Meinung bedrohten nordnorwegischen Raum gegen englische Angriffe zu sichern, wenn sie versuchen, uns durch massierten Einsatz von Flotte und Landungsverbänden dort zu verdrängen, womöglich den so wichtigen Erzverschiffungshafen Narvik und Schweden mit seinen 66%igen Erzlagern in Kiruna zu nehmen, um auf Finnland Druck auszuüben.

Daher muß, so will es Hitler, die deutsche Flotte ihre ganze Kraft für die Verteidigung Norwegens einsetzen. Nach längeren Ausführungen auf beiden Seiten betont Hitler, daß, wenn der überraschende Durchbruch durch den Kanal nicht gelänge, es das beste sei, die Schiffe außer Dienst zu stellen und die Geschütze sowie die Besatzungen für die Verteidigung Norwegens zu verwenden. Darauf bittet der Großadmiral, die Lage und die Möglichkeiten nochmals prüfen zu dürfen, bevor die endgültige Entscheidung Hitlers gefällt wird. Dem stimmt dieser zu.

Diesem Vortrag vom 29. Dezember folgt am 12. Januar 1942 die entscheidende Besprechung, bei der auch der BdS mit seinem A 1 sowie der BSW zugegen sind. Hitler betont, daß Nordnorwegen Brennpunkt der Kriegführung werden kann und daß die Marine ihre schweren Einheiten dort versammeln muß. Dabei sei ihm der gewählte Weg von Brest aus einerlei. Er glaube aber, daß angesichts der großen Zahl schwerer Seestreitkräfte im britischen Nordraum der Weg um Island herum nicht gangbar sei. Den Überlegungen des Admirals Ciliax stimmt er zu, nämlich dem Auslaufen aus Brest bei Dunkelheit, um den Gegner zu überraschen, und einem Passieren der Dover-Enge gegen Mittag. Voraussetzung sei ständiger Jagdschutz von Morgen- bis zur Abenddämmerung und absolute Geheimhaltung. Hitler betont, daß bei diesem überraschenden Auslaufen und dem dadurch unvermuteten Erscheinen des Brest-Verbandes bei hellichtem Tage im Kanal der Gegner nicht so schnell die notwendigen Entschlüsse zum Einsatz von Luftwaffe und Seestreitkräften fassen werde und daß das Moment der Überraschung eine ausschlaggebende Bedeutung haben werde. Er weist im übrigen die Luftwaffe an, die Forderungen der Marine auf Gestellung des notwendigen Jagdschutzes zu erfüllen. Hitler hat bereits bei einer früheren Besprechung über einen zur Debatte stehenden Kanaldurchbruch darauf hingewiesen, daß bei Verlust schwerer Einheiten angesichts der Nähe der französischen Küste die Masse der Besatzungen gerettet werden könne.

Nachdem auch der Befehlshaber der Sicherung West, Kommodore Ruge, erläutert, daß ein breiter Weg von seinen Minensuchstreitkräften freigeräumt werde, und zwar wegen Gefährdung der Boote bei Tage durch feindliche Flugzeuge nur nachts, und weil man tagsüber durch genaue Lokalisierung der Räumarbeiten den beabsichtigten Weg der Brestschiffe würde feststellen können, beendet Hitler die Besprechung mit der Entscheidung: Die drei Schiffe werden durch den Englischen Kanal in die Heimat verlegt. Sie werden bei Dunkelheit aus Brest auslaufen und bei Tage die engen Stellen des Kanals passieren. Die Luftwaffe wird den Verband tagsüber mit starken Verbänden sichern. Sollte sich dieser Weg als nicht durchführbar herausstellen, werden die Schiffe in Brest außer Dienst gestellt und Geschütze und Mannschaften in die Küstenverteidigung an Land eingebaut. Der ObdM hatte vorher gemeldet, er könne· den Kanalweg nicht empfehlen, er bäte daher Hitler, die Entscheidung zu treffen.

Die Gegenseite hatte inzwischen angenommen, daß in den Tagen vor oder nach dem 15. Februar die deutschen Schiffe aus Brest durch den Englischen Kanal in die Nordsee laufen würden, da durch ihre Probefahrten und Schießübungen vor den Gewässern um Brest ihre Fahrbereitschaft erwiesen sei und weil in den genannten Tagen Strom- und Sichtverhältnisse für sie günstig sein würden. Es wird allerdings damit gerechnet, daß die Dover-Enge bei Nacht passiert wird. Es werden durch die schnellen Minenleger *Manxman* und *Welshman* (29 kn, 2650 ts und Fassungsvermögen je 160 Minen) eine Reihe von Ankertau-Kontakt- und Ankertau-Magnetminen ausgelegt, teils auf den bekannten oder angenommenen Wegen entlang der französischen Küste, teils auf tieferem Wasser seewärts jener Wege. Diese Minen haben Verzögerungsuhrwerke, die die Minen erst nach eingestellter Uhrzeit aufsteigen lassen. Durch Flugzeuge des Bomberkommandos werden im Seegebiet vor Terschelling magnetische Grundminen ausgelegt. Dieses Gebiet war besonders ausgesucht, und man nahm dabei an, daß die deutschen Schiffe nach den vielen Schwierigkeiten beim Kanalmarsch hier einen sicheren, verhältnismäßig tiefen Weg finden werden. Ein kleiner, nur 950 ts großer Küstenminenleger, die nur 14,7 kn schnelle *Plover*, mit einem Fassungsvermögen von nur 100 Minen, erhält den Auftrag, den mittleren Teil der Dover-Sperre durch ein einfaches Minenfeld zu verstärken, wobei die Verantwortlichen auf den deutschen Schlachtschiffen hoffen, daß dieses Gebiet von den deutschen Minensuchern nicht abgesucht, aber vielleicht durchfahren wird. Kurz vor dem Auslaufen der Brest-Schiffe läuft der Zerstörer *Bruno Heinemann* auf die *Plover*-Sperre und geht dort unter.

Britischerseits sind noch folgende Maßnahmen getroffen worden, um das Auslaufen der deutschen Schiffe rechtzeitig festzustellen: Das U-Boot *Sealion* liegt an der Ansteuerungstonne von Brest, um durch Sehrohr oder Horchgerät das Passieren der Schiffe wahrzunehmen und zu melden. Ferner werden von Brest bis Boulogne insgesamt drei Aufklärungslinien durch je zwei Flugzeuge besetzt, die an Ort und Stelle nach einer Zeittafel durch andere abgelöst werden. Die Zeiten sind so festgelegt, daß die Schiffe von mindestens einer Gruppe gesichtet und gemeldet werden. Sechs Torpedoboote werden nach Harwich gelegt sowie Schnellboote nach Dover. Es wird ferner vorbereitet, Bomber- und Torpedoflugzeug-Verbände aus nördlicheren Flugplätzen an die Kanalküste zu verlegen, wobei sich schon frühzeitig Schwierigkeiten durch starken Schneefall und Schneeverwehungen auf Plätzen und Straßen ergeben.

Die *Gneisenau* erhält am 6. Januar 1942 einen Nahtreffer im Dock. Die Bombe schlägt an der Dockseite ein, zerstört bei der Explosion die Außenhaut auf etwa 1 m und beschädigt einige Dockstapel. Der Schaden beeinträchtigt die Kampfkraft des Schiffes nicht, er muß aber bei der nächsten Werftzeit repariert werden.

Die Vorbereitungen auf deutscher Seite werden weitestmöglich getarnt, vor allem auch hinsichtlich der nächsten Absichten. Die Räumarbeiten der Sicherungsverbände — im Bereich BSW und BSN sind Routine-Angelegenheiten. Das Auslegen von Markbooten erleichtert das Navigieren eines größeren Westgeleites. Einige Tage vor dem Auslaufen beginnend, werden die Radargeräte an der englischen Südküste langsam und unauffällig durch entsprechende deutsche Maßnahmen (Leitung: der Chef des Fernmeldewesens der Luftwaffe Generalleutnant Martini) gestört, so daß auf der Gegenseite technische Fehler in den Geräten angenommen werden könnten. Verschiedene Täuschungsmaßnahmen in Brest lassen die deutschen Besatzungen annehmen, daß abends nur zur Durchführung einer Gefechtsübung der Landurlaub gesperrt ist. Der Kommandant und einige Offiziere werden für den nächsten Abend zu einer Veranstaltung nach Paris zum Oberbefehlshaber der Gruppe West eingeladen usw. Es liegen auch nachträglich keine Anzeichen vor, daß das Auslaufen der Schiffe durch französische Zivilpersonen erkannt und an die Gegnerseite gemeldet worden ist.

Das Auslaufen ist für den 11. Februar, 20.30 Uhr, festgelegt. Als die Schlepper beginnen, zunächst das Flaggschiff, die *SH*, von der Pier abzuziehen, erfolgt Fliegeralarm. Die Schiffe machen wieder fest, vor allem auch deshalb, weil der bei Fliegeralarm übliche künstliche Nebel ein Verhalten auf der Stelle außerhalb der Pier schwierig macht. Mit großer Spannung wird vom Befehlshaber und von den Kommandanten die Dauer des Luftangriffs verfolgt, da der Auslaufbefehl besagt, daß bei mehr als zwei Stunden Verspätung das Inseegehen auf einen späteren Zeitpunkt verschoben wird. Der Grund ist, daß man bei einer Verspätung bei Dover einen ungünstigen Gezeitenstrom vorfindet. Aber die Entwarnung kommt so rechtzeitig, daß die Schiffe um 23.00 Uhr aus Brest auslaufen können, und zwar in der Reihenfolge *Scharnhorst* (Kapitän zS K. C. Hoffmann) mit dem BdS Vizeadmiral Ciliax an Bord, *Gneisenau* (Kapitän zS Fein) und *Prinz Eugen* (Kapitän zS Brinkmann), anschließend folgen die fünf Zerstörer, die in freier See auf ihre vorgesehenen Sicherungsplätze ausscheren. Es ist ruhiges Wetter, gute Sicht, und die Schiffe gehen bald auf hohe Fahrt, um die Verspätung so schnell wie möglich einzuholen. Stunde auf Stunde vergeht ohne Ereignisse, die Besatzung ist auf Kriegswachstationen. 01.12 Uhr wird die Insel Ouessant mit ihrem bekannten schwarzweißen Leuchtturm, dem »Preußischen Grenadier« passiert.

Um 02.00 Uhr spricht der Kommandant durch die Lautsprecheranlage zur Besatzung und gibt ihr die Aufgabe des Verbandes bekannt: Marsch durch den Englischen Kanal in die Heimat.

Die Schiffe werden also die Dover-Enge bei hellichtem Tage passieren. Die Besatzungen machen sich auf harte Kämpfe mit Seestreitkräften und mit der britischen Luftwaffe gefaßt. Aber vom Morgengrauen an soll ein laufender Schutz durch deutsche Jäger und durch Torpedoboote und Schnellboote erfolgen.

Die Begeisterung der Besatzung ist groß, wenn auch das weitere Schicksal der *GU* für die nächsten 24 Stunden noch sehr offen ist.

Und weiter geht es in der Dunkelheit. Der Vordermann ist an seinem weißen Kielwasser zu erkennen. Um 08.37 Uhr beginnt die Morgendämmerung, und 10 Minuten später erscheint über unseren Köpfen der erste Jagdschutz, zunächst noch die zweimotorige »Me 110« mit zwei Mann Besatzung, die sich als Nachtjäger für die Dämmerung besser eignet als die einmotorigen und einsitzigen Jäger »Me 109«. Es wird langsam heller, jeder, der an Oberdeck seine Gefechtsstation hat, sieht angestrengt über die Wasseroberfläche und in den Himmel, um als erster einen Gegner zu entdecken. Aber nichts ist zu sehen. Nur die eigenen Jäger, inzwischen die »Me 109«, die fünfzehn Minuten über uns fliegen und zehn Minuten bei uns bleiben, bis die Ablösung kommt. So bleiben stets 16 und während der Ablösung 32 Jäger beim Verband. Sie haben Anweisung, zunächst nur tief zu fliegen, damit gegnerische Radargeräte sie möglichst nicht orten und dadurch den Verband verraten. Und weiter geht es nach Osten. Der Verband passiert die Steilküste ostwärts der Seine-Mündung. Wie später erst zu erfahren ist, hätte eigentlich eine der drei britischen Aufklärungslinien die Schiffe erfassen müssen. Das Glück ist auf seiten der Deutschen, daß sie durch unklares Radargerät nicht festgestellt wurden, da die betreffende Rotte in den Heimatflugplatz flog, um dort ein anderes Gerät oder eine neue Maschine zu bekommen, und daß ähnliches Mißgeschick auch den anderen Aufklärungsrotten widerfuhr. Und das U-Boot *Sealion*, das die Schiffe an der Brester Ansteuerungstonne erwarten und melden sollte, ging im entscheidenden Augenblick einige Meilen seewärts, um seine Batterie aufzuladen; als es an die Tonne zurückkam, war der Verband bereits vorbeigefahren. Das aber erfuhr das Boot am nächsten Tag.

Inzwischen läuft der Verband weiter, ohne vom Gegner etwas zu bemerken. Um 10.15 Uhr stoßen die Boote der 2.

und 3. T-Flottille aus Le Havre und Dünkirchen zum Verband, und ab 11.00 Uhr stehen zehn Boote der 4. Schnellbootflottille als Flankensicherung feindwärts. Die 5. T-Flottille mit den alten Booten der *Möwe*- und *Jaguar*-Klasse, aus Vlissingen kommend, stößt um 13.26 Uhr zu dem Verband, als er gerade die erste Feindberührung gehabt hat. Die engste Stelle des Kanals, zwischen Dover und Calais, wird um 12.56 Uhr passiert, und erst 35 Minuten später werden die ersten Gegnermaßnahmen deutlich. An Bb hört und sieht man die typischen grau-grünen Aufschläge von Granaten einer Landbatterie. Sie, die von einer 23,4-cm-Batterie bei Dover kommen, erreichen die dahinjagenden und sich daher schnell aus dem Zielbereich der Batterie entfernenden Schiffe nicht mehr. Die Granaten der Landbatterie sind das erste Zeichen, daß der Gegner uns gesehen hat; wir sind klar für weitere Feindberührung.

Ab 13.32 Uhr greifen insgesamt sechs Torpedoflugzeuge vom Typ »Swordfish« an. Alte, langsame Maschinen der britischen Marine, die übrigens auch von dem Flugzeugträger *Ark Royal* aus gegen die *Bismarck* eingesetzt worden waren. Diese alten Doppeldecker greifen die Schiffe mit großem Schneid an. Sie fliegen sehr tief und langsam und ohne sichtbaren eigenen Jagdschutz. Es ist erschütternd zu sehen, wie sie uns anfliegen, ihre Torpedos abwerfen und langsam über einen Flügel ins Wasser stoßen und verschwinden. Wie später zu erfahren ist, sollten mehrere Staffeln Jäger ihnen Jagdschutz geben. Diese kamen aber nicht rechtzeitig an, und der Staffelführer, Kapitänleutnant Esmonde, beschloß, den Gegner ohne Jagdschutz zu suchen und anzugreifen; er wußte, daß seine langsamen Maschinen den mit 28 bis 30 kn davonrasenden Gegner nicht mehr würden einholen können, wenn er noch länger warten würde. Für den mutigen Einsatz seiner Männer erhielt er nach seinem Tode, den er als erster der Männer fand, das Viktoria-Kreuz. Es war für ihn tragisch, daß keiner der von seiner Staffel abgeschossenen Torpedos einen Gegner traf. Etwa gleichzeitig greifen britische Torpedo-Motorboote (also Schnellboote in der deutschen Terminologie) aus Dover an. Sie versuchen, die großen Schiffe durch die deutschen Sicherungskräfte hindurch auf brauchbare Entfernung zu erreichen. Sie müssen ihre Aale aber frühzeitig abfeuern, da das Abwehrfeuer zu stark ist, und sie drehen wieder ab, ohne ein Ziel getroffen zu haben, kommen aber wenigstens ohne Verlust in den Stützpunkt zurück.

Die in Harwich stationierten Torpedoboote waren vormittags bereits zu Übungen in See, als sie die Nachricht erhielten, die Deutschen seien bereits durch die Dover-Enge hindurch. Da sie hohe Geschwindigkeiten laufen, müssen sie über ein vor längerer Zeit von den Deutschen gelegtes Minenfeld fahren, um abzukürzen und noch rechtzeitig ihre Torpedos an den Gegner anzubringen. Auf der *Gneisenau* kommt eines dieser Schiffe auf größere Entfernung in Sicht, mit etwa gleichem Kurs mitlaufend. Da der Wind auf etwa WSW 7 bis 8 aufgefrischt hat und der Fahrtwind bei nordöstlichen Kursen und hoher Fahrt gerade entgegengesetzt ist, heben sich der wahre und der Fahrtwind nahezu auf, so daß der beim Abschuß der Geschütze entstandene Qualm lange Zeit vor dem Schiff stehenbleibt. Aufgrund dieser Behinderung, die eine Beobachtung des Schießens auf Seeziele sehr schwer macht, schießt der I. AO nur mit dem Turm Cäsar auf das Torpedoboot in der Hoffnung, jedenfalls bei diesem eine Wirkung zu erkennen. Nachdem sich der Pulverqualm dieser drei Schüsse aber verzogen hat, ist von dem Schiff nichts mehr zu sehen. Da eindeutig kein feindliches Torpedoboot während dieses Gefechts verlorengegangen ist, bleibt nur übrig, daß der Gegner nach Verschießen seiner Torpedos wieder abdrehte und dadurch außer Sicht kam.

Unmittelbar vor dem Torpedobootangriff ertönt auf der *SH*, dem vorn fahrenden Flaggschiff, ein lauter Knall. Gleichzeitig sieht man starke Dampf- und Qualmwolken dem Schornstein entströmen. Das Schiff läuft ohne Eigenbewegung noch aus und bleibt dann liegen. Der Grund ist zunächst nicht zu erkennen, man glaubt an einen Torpedotreffer, auch wenn gerade kein Torpedoträger in Sicht war. Schließlich wird die Detonation einer Grundmine unter dem Schiff angenommen. Die Wirkung ist nicht zu übersehen. Befehlsgemäß übernimmt der Kommandant der *GU* die weitere Führung des Verbandes und geht mit einer Kursänderung an dem havarierten Flaggschiff vorbei. Vier Torpedoboote bleiben bei der *SH*. Wie in seinem Befehl für den Kanalmarsch festgelegt, geht der Zerstörer *Z 29* längsseit von der *SH*, um den Befehlshaber, Admiral Ciliax, mit seinem Stabe zu übernehmen. Die Männer sehen die *SH* liegen, wissen nicht, ob und wann die Reparatur gelingt und wann sie das Schiff wiedersehen werden, hoffen aber doch, daß keine langwierige Reparatur notwendig ist.

Während der folgenden beiden Stunden gibt es immer wieder einzelne Angriffe durch Torpedoflugzeuge des modernen Typs Beaufort. Da die Wolkendecke ziemlich niedrig ist, finden viele Feindflugzeuge den Verband nicht, und häufig taucht bei den Fliegern eines der Schiffe so plötzlich in einer Wolkenlücke auf, daß der Torpedo schnell abgeworfen werden muß. Auch die deutschen Jäger haben es bei dieser Wetterlage nicht leicht, sowohl am Verband zu bleiben, als auch den plötzlich auftauchenden Gegner anzugreifen. Die Führung der Jäger durch Oberst Ibel, dem Jägerleitoffizier auf dem Flaggschiff, und durch die ihm unterstellten Verbindungsoffiziere auf den beiden anderen Schiffen ist gut vorbereitet und organisiert.

Gegen 19.10 Uhr beginnt sich die Abenddämmerung bemerkbar zu machen. Den Jagdschutz übernehmen bis zur völligen Dunkelheit die Nachtjäger, die »Me 110«; die Luftangriffe durch Bomben oder Torpedos hören aber auf. Die niedrige Wolkendecke erschwert Angriff und Abwehr gleichermaßen. Als die Dunkelheit bereits einsetzt, läuft auch die *GU* auf eine Mine. Durch die Erschütterung fallen alle Sicherungen heraus. Das Schiff hat zunächst keinen Strom. Waffen und Maschinen fallen für kurze Zeit aus. Aber nach einer Viertelstunde ist die *Gneisenau* wieder auf dem Weitermarsch, ohne sichtbare Schäden. Die *Scharn-*

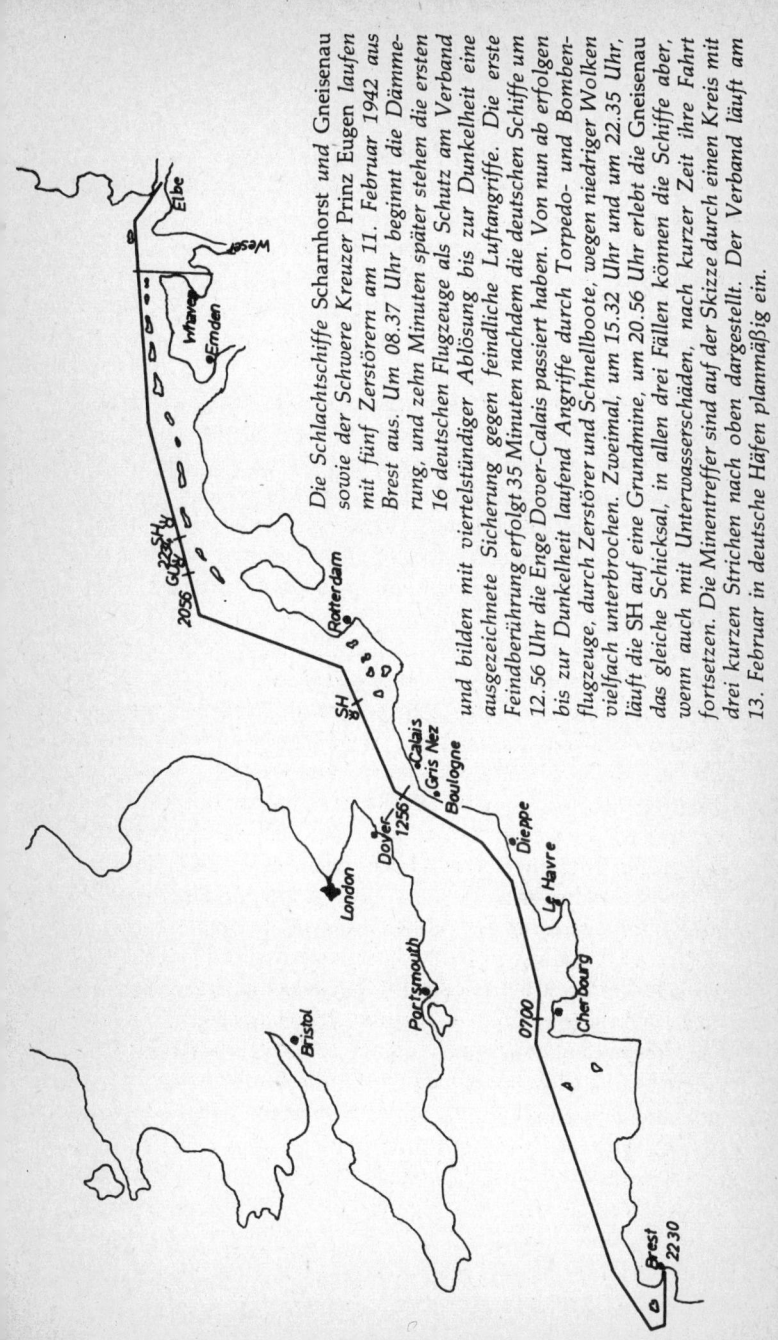

Die Schlachtschiffe Scharnhorst und Gneisenau sowie der Schwere Kreuzer Prinz Eugen laufen mit fünf Zerstörern am 11. Februar 1942 aus Brest aus. Um 08.37 Uhr beginnt die Dämmerung, und zehn Minuten später stehen die ersten 16 deutschen Flugzeuge als Schutz am Verband und bilden mit viertelstündiger Ablösung bis zur Dunkelheit eine ausgezeichnete Sicherung gegen feindliche Luftangriffe. Die erste Feindberührung erfolgt 35 Minuten nachdem die deutschen Schiffe um 12.56 Uhr die Enge Dover-Calais passiert haben. Von nun ab erfolgen bis zur Dunkelheit laufend Angriffe durch Torpedo- und Bombenflugzeuge, durch Zerstörer und Schnellboote, wegen niedriger Wolken vielfach unterbrochen. Zweimal, um 15.32 Uhr und um 22.35 Uhr, läuft die SH auf eine Grundmine, um 20.56 Uhr erlebt die Gneisenau das gleiche Schicksal, in allen drei Fällen können die Schiffe aber, wenn auch mit Unterwasserschäden, nach kurzer Zeit ihre Fahrt fortsetzen. Die Minentreffer sind auf der Skizze durch einen Kreis mit drei kurzen Strichen nach oben dargestellt. Der Verband läuft am 13. Februar in deutsche Häfen planmäßig ein.

horst erhält später einen zweiten Minentreffer, der den Einbruch von 1000 t Wasser verursacht. Das Schiff läuft aber dennoch mit eigener Kraft weiter. Es hat inzwischen einen Kutter überholt, mit dem der BdS mit Stab vom Zerstörer *Z 29* auf den Zerstörer *Hermann Schoemann* übersteigt, da *Z 29* durch einen Rohrkrepierer bei Schnellbootsabwehr durch Splitter Ausfälle in der Maschinenanlage hat. Das Übersteigen von der havarierten *SH* ist im Operationsbefehl für »Cerberus« (Stichwort für den Kanalmarsch) ausdrücklich festgelegt.

Der Verband hat sich inzwischen aufgelöst, da ein Formationshalten bei den wechselnden Gefechtslagen und den Abwehrbewegungen der einzelnen Schiffe und Boote und der ständigen Höchstfahrt nicht möglich ist. Es entspricht auch dem Grundgedanken der Unternehmung, so schnell wie möglich die heimischen Gewässer zu erreichen, um dort im Schutz der eigenen Verteidigungsmöglichkeiten und der Werftanlagen zu sein.

Mit dem Hellwerden am 13. Februar ist der Verlegungsbefehl ausgeführt.

Gneisenau und *Prinz Eugen* gehen um 03.44 Uhr vor der Elbmündung vor Anker, die *Scharnhorst* marschiert nach Wilhelmshaven, die Zerstörer nehmen Kurs auf Wesermünde und die Torpedo- und Schnellboote zunächst auf Helgoland. Abgesehen von den an sich unbedeutenden Folgen der Minentreffer sind die drei großen Schiffe unbeschädigt und haben keine Personalverluste. Die Sicherungsstreitkräfte verloren ein Minensuchboot bei den Vorbereitungen und ein Markboot während der Unternehmung.

Viele Veröffentlichungen sind in Zeitschriften, Zeitungen und Illustrierten, aber auch in Büchern über diese kühne Unternehmung erschienen, und jeder Teilnehmer dieses Marsches ist stolz, daran beteiligt gewesen zu sein.

Wie war es möglich, unter der englischen Küste bei Tage ohne ernsthafte Gegenwehr diese Verlegung von Brest in die Heimat durchzuführen? Die Gründe sind:

- gute Vorbereitungen durch die oberen Befehlsstellen,
- strengste Geheimhaltung überall und Bekanntgabe erst Stunden nach dem Auslaufen,
- starker, gut organisierter Schutz durch die Luftwaffe,
- hervorragendes Arbeiten der Maschinenanlagen, technisch und personell,
- völliges Überraschen des Gegners, der zwar seit langem mit einem Kanaldurchbruch der Brest-Gruppe rechnete, der aber nicht auf das von ihm selbst vorausgesagte Datum eingerichtet war,
- sehr viel Glück bei der Wetterlage und
- hervorragende Vorarbeiten durch die Verbände des BSW und BSN.

Die geringen Ausbildungsmöglichkeiten sowie ein größerer Personalwechsel auf der *Gneisenau* haben sich nicht negativ ausgewirkt. Die Leistungen der Flak sind zu loben. Sie hat mit fünf Abschüssen einen guten Erfolg erzielt. Auch die Seezielartillerie hat ihre Aufgaben, soweit sie eingesetzt wurde, erfüllt. Besonders hervorzuheben ist das gute Arbeiten der gesamten Maschinenanlagen; denn sie haben praktisch keine Ausfälle gehabt, obwohl das Schiff vom Auslaufen aus Brest bis zum Ankern vor der Elbe fast immer Höchstfahrt lief. In einem längeren Anerkennungsschreiben des Flottenchefs, Admiral Schniewind, unterrichtet der ObdM den Verband wie folgt:

»Die Verlegung der Brest-Gruppe in die Deutsche Bucht ist nach von den Stäben und den Sicherungsverbänden geleisteten sorgfältigen Vorbereitungsarbeiten in einer schneidigen Operation durchgeführt worden. Ich bringe Ihnen, den beteiligten Verbandschefs, Kommandanten und Besatzungen meine Freude und Anerkennung hierfür zum Ausdruck. Ich habe den Oberbefehlshaber der Luftwaffe gebeten, den beteiligten Verbänden der Luftwaffe meinen Dank zu übermitteln. Oberbefehlshaber der Kriegsmarine.«*

Auf Veranlassung des Premierministers Churchill wird ein Untersuchungsausschuß eingesetzt, der die Gründe für die Versager oder Fehler mancher Dienststellen bei dem ungehinderten Durchbruch der deutschen Schiffe durch den Kanal aufdecken soll. Nach seinem Vorsitzenden, einem hohen Richter Bucknill, erhält der Bericht den Namen »Bucknill Report«. Seine Ausführungen sind bei dieser Arbeit vom Verfasser berücksichtigt worden.

Die letzte Fahrt der »Gneisenau«

Bei Hellwerden geht die *GU* zur Fahrt durch den Kanal nach Kiel ankerauf. Da noch auflaufendes Wasser bei Brunsbüttel herrscht, bleibt das Schiff bis zum Eintritt von Stauwasser noch auf der Elbe vor Anker liegen. Bald wird der Anflug eines größeren englischen Luftverbandes gemeldet, von dem angenommen werden muß, daß er die Versager von gestern ausmerzen will. Da schwere Bombenschäden bei einem derart massierten Angriff zu fürchten sind und ein beschädigtes Schiff mitten auf der Elbe dadurch noch weitere Nachteile erleiden könnte, entschließt sich der Kommandant, trotz des Stromes in die Schleuse einzulaufen. Beim Passieren der Mohlenköpfe wird das Achterschiff aber trotz Gegenmanöver durch den Strom herumgedrückt, und in kurzer Zeit liegt die *Gneisenau* parallel zum Ufer und quer zur Schleuseneinfahrt. Es gelingt dem Kommandanten, bei dem bald folgenden Stauwasser das Schiff mit den Maschinen herumzudrehen und in die Schleuse einzulaufen. Diese eigenartige Lage des Schiffes ist durch ein seltenes Bild festgehalten. Die Fahrt durch den Kaiser-Wilhelm-Kanal ist wegen des Eises nicht einfach. Ohne Aufenthalt kommt das Schiff aber in Kiel an und geht am nächsten Morgen ins Schwimmdock. Befehlsgemäß muß vor einem Docken alle Munition von Bord gegeben werden. Da die *GU* nur etwa zwei Wochen zu docken braucht, die Abgabe der Munition und spätere Wiederanbordnahme aber wegen der Vereisung des Kieler Hafens mindestens drei Tage dauern wird, erteilt das Flottenkommando die Erlaubnis, die Munition während dieser kurzen Dockzeit an Bord zu behalten. Es werden nur die Zünder aus den Granaten entfernt.

Nach dem Aufschwimmen des Docks werden die am 6. Januar in Brest im Trockendock und bei dem Minentreffer am 12. Februar entstandenen Schäden untersucht und als nicht schwerwiegend angesehen. Die Reparatur kann also in zwei Wochen beendet sein. Es wird vorgesehen, daß das Schiff wegen der von Hitler befürchteten Bedrohung anschließend nach Norwegen, wahrscheinlich zunächst nach Drontheim, verlegt wird.

Der Dienstbetrieb an Bord geht nach Werftroutine weiter. Die *Scharnhorst*, die zunächst nach Wilhelmshaven gegangen war, liegt neben der *GU* an der Werftpier. Da kommt es bei einem der schon fast routinemäßigen Luftangriffe am 26. Februar kurz vor Mitternacht zu einem Bombentreffer, der verheerende Folgen hat. Die Bombe durchschlägt das Oberdeck, dann das Batteriedeck und trifft das Panzerdeck an einer Stelle, an der die Entlüftung der darunterliegenden Pulverkammer herausgeführt wird. Weißglühende Teile von Bombensplittern und aus dem Deck herausgestanzte Eisenstücke treffen auf die Kartuschen und entzünden das Pulver. Es folgt eine Kettenreaktion von stichflammenartigen Pulverbränden, die sich über die in der Kartuschkammer gelagerten Kartuschen und weiter in die benachbarten Pulvermengen fortpflanzen. Das erzeugt einen ungeheuren Luftdruck. Alles Pulver des Turms Anton gerät in Brand. Der Druck breitet sich explosionsartig aus, hebt den drehbaren Teil des Turmes in die Höhe und dreht ihn um einige Grade, so daß der etwa 20 cm hohe innere Radkranz nach dem Entweichen der Gase nicht wieder in den festen äußeren Radkranz an der Barbette spurt, sondern die beiden Radkränze aufeinander stehen. Ein anderer Teil der Brandgase sucht sich einen Ausweg. Er findet ihn im Batteriedeck, wo er sich nicht nach den Seiten oder nach vorn ins Freie ausbreiten kann, sondern nur nach oben, indem er eine etwa 6 m breite und über das ganze Oberdeck von Bb nach Stb reichende dicke eiserne Decksplatte an der einen Schweißnaht von der nach vorn anschließenden Decksplatte abbricht und um 180° nach hinten schlägt. Die Gewalt des Munitionsbrandes ist ungeheuer. Alle Männer im Turm Anton sind sofort tot. Außer der

Turmbedienung haben sich dort noch weitere Personen aufgehalten: das Wachpersonal, das sich sonst an Deck befindet, Urlauber und andere. Andere Männer, die dienstlich unter Deck zu tun haben, ereilt der Tod, so die drei Mann der Leckgruppe, die bei ihrer Leckpumpe 12 in der Abt. XIV bis XVIII waren. Der Oberpumpenmeister Schwarz war auf Befehl des I. O zum Fluten des Turms Anton nach vorn geeilt, zusammen mit einem Maat und einem Mann. Sie legen die dort unten befindlichen Flottenatmer an, öffnen die See- und Flutventile und fluten den Turm. Für längeres Arbeiten dort unten hatten sie Reserve-Sauerstoffflaschen bei sich.

Alles Leben im Turm und in den vorderen Räumen ist erloschen. Der Turm ist auch mit allen elektrischen Teilen nur noch ein ausgeglühter Torso. Nur der Stahl ist noch zu gebrauchen.

Was wird aus dem Schiff? Was aus der Besatzung?

Am 4. März findet die Beisetzung der 112 Gefallenen des Schlachtschiffes *Gneisenau* auf dem Kieler Ehrenfriedhof unter großer Beteiligung der Angehörigen und der Marine statt. Wegen des anhaltenden Frostes konnten keine Gräber ausgehoben werden. Die Särge stehen, bedeckt mit der Kriegsflagge, auf der Erde. Der Kommandant gedenkt im Namen aller der toten Kameraden, er gedenkt derer, die noch vor wenigen Tagen beim Marsch durch den Englischen Kanal tapfer gekämpft haben. Nach seinen sehr zu Herzen gehenden Worten spricht der Flottenchef einen letzten Gruß und den Dank der Flotte, und dann sprechen der *Gneisenau*-Bordkamerad und Bordpfarrer Schlemm sowie der katholische Marinepfarrer Maizy. Eine würdige Feier an den Gräbern, an denen die Überlebenden aus dem Kriege auch künftig stehen und ihrer Kameraden gedenken werden.

*

Da das Schiff in einigen Wochen zur Wiederherstellung nach Gotenhafen in die Werft gehen wird, werden alle

EHRENTAFEL

DER

DEUTSCHEN KRIEGSMARINE

Vor dem Feinde hat sich
durch besondere Tapferkeit
ausgezeichnet:

Oberleutnant (Ing.) Paul S c h w a r z
Lecksicherungsoffizier auf einem Schlachtschiff

Berlin, den 28. Juni 1943.

Der Oberbefehlshaber der Kriegsmarine

[Unterschrift]

Großadmiral

Vorbereitungen für die Verlegung getroffen. Der ausgebrannte Turm Anton wird aus seiner Barbette herausgenommen, das Oberdeck wieder gangbar gemacht, und die Wohndecks werden für die Besatzung hergerichtet. Die durch den Brand zerstörten oder angebrannten Oberdecksteile werden frisch gemalt, und das Schiff wird Mitte März in die Wik verlegt. Hier kommt am 24. März der Großadmiral an Bord, er schreitet mit dem Kommandanten und dem Flottenchef die Front der Divisionen ab und spricht anschließend auf der Schanze zur Besatzung. Nach einem Rückblick auf den kühnen und so gut gelungenen Kanalmarsch gedenkt er der 112 Gefallenen und des harten Schlages, den das Schiff hat hinnehmen müssen. Es ist aber nicht vernichtet worden, sondern es soll in Gotenhafen instand gesetzt, auf 6 : 38-cm-Doppeltürme umarmiert und um etwa 10 m verlängert werden. Bis auf das notwendige Baubelehrungspersonal wird die Besatzung auf andere Kommandos verteilt, um nach etwa Jahresfrist die neue, stärkere *Gneisenau* wieder mit in Dienst zu stellen.

Der Großadmiral hebt dann noch die vorbildlichen Leistungen der Seeleute und vor allem auch des Maschinenpersonals und hier vor allem der Männer von der Lecksicherung- und Pumpenmeistergruppe hervor, die sich bei allen Treffern besonders eingesetzt und bewährt haben, an der Spitze der Oberpumpenmeister Paul Schwarz. Seine hervorragenden Leistungen und Führungsverdienste wolle er ausdrücklich anerkennen durch die sofortige Beförderung zum Offizier, zum Leutnant (Ing.). Diese Würdigung des aktiven und umsichtigen Pumpenmeisters erregt allgemeine Freude. Später wird ihm noch das Deutsche Kreuz in Gold verliehen.

*

Wegen der Eislage in der Westlichen Ostsee wird das Auslaufen um einige Tage verschoben. Endlich, am 4. April, ist es soweit. Vor der *GU* fahren der Eisbrecher *Castor* und das Linienschiff *Schlesien*, die einen Weg durch das dicke Eis bahnen, das jetzt noch häufiger zu längeren Stopps, gelegentlich sogar zum Ankern zwingt. Bei Rügen verschwindet das Eis, die *GU* kann von da an selbständig bis Gotenhafen fahren. Das Schiff ist völlig seeklar. Schiffskörper und Maschine haben durch den Bombentreffer nicht gelitten. Berichte in Büchern oder in der Presse, das Schiff hätte abgeschleppt werden müssen, entbehren daher jeder Richtigkeit.

In Gotenhafen sucht das Schiff gleich das Arsenal auf. Der Kommandant bereitet die Außerdienststellung vor. Ein Teil der Besatzung wird schon bald abkommandiert. Kommandant und I. O erhalten neue Kommandos, und der I. AO wird mit den Geschäften als Kommandant betraut. Bei schönem Frühlingswetter sind die Wochen in Gotenhafen eine Erholung. Man kann Danzig kennenlernen und sich an der schönen Landschaft des nahen Ost- und Westpreußens erfreuen. Neben der *GU* liegt der große HSDG-Passagierdampfer *Cap Arcona*, der als Wohnschiff verwandt wird und auf dem man einen großen Teil des Films *Titanic* dreht.

Am 1. Juli 1942 wird die *Gneisenau* außer Dienst gestellt. Der mit der Wahrnehmung der Geschäfte als Kommandant beauftragte Fregattenkapitän Wolfgang Kähler gibt in seiner Außerdienststellungsrede einen Überblick über die vierjährige Geschichte des Schiffes, das am 21. Mai 1938 in Dienst gestellt wurde und im Frieden wie im Krieg eine ehrenvolle Indiensthaltung erlebte. Heute sind noch sechs Offiziere, 30 Portepeeunteroffiziere, 29 Unteroffiziere, zwölf Mannschaften und acht Mann Zivilpersonal unter der Restbesatzung, die diese vier Jahre voll miterlebt haben. Sie haben auf diesem imposanten Großkampfschiff harte Zeiten, aber auch große Ereignisse und viele Zeichen kameradschaftlicher Zusammengehörigkeit erlebt, die immer unvergessen bleiben. Wir, die Überlebenden, denken an die Männer, mit denen wir gemeinsam die Meere befuhren, von denen 209 fielen, die uns Kameraden und Freunde waren. Wir gedenken dabei unseres I. AO, Fregattenkapitän von Buchka, der

·im Gefecht gegen die *Renown* fiel, unseres LI, Korvetten-kapitän (Ing.) Kannegießer, der in der Nacht des Bomben-treffers in Kiel bei dem Versuch, Männer aus den bren-nenden Räumen zu retten, ums Leben kam, und wir denken an unseren früheren Kommandanten, Kapitän zS Netz-bandt, der als Chef des Stabes der Flotte mit der *Bismarck* unterging.

Wenn auch am 1. Juli 1942 Flagge und Wimpel nieder-geholt und damit das Schiff außer Dienst gestellt worden ist, dann soll das nur vorübergehend sein. *GU* soll nach einem Jahr repariert sein und mit neuer Bewaffnung als ein kampf-kräftigeres Schlachtschiff wieder in Dienst kommen. Alle hoffen, erneut auf der dann neu erstandenen *Gneisenau* fahren zu können.

Diese am Schluß der Rede geäußerte Hoffnung erfüllt sich nicht. Nach einem halben Jahr werden die Werftarbeiten eingestellt. Alle personellen und technischen Werftkapazi-täten müssen ausschließlich für den Bau und die Überholung von U-Booten zur Verfügung stehen.

Das Schiff wird drei Jahre später als Blockschiff zwischen den Molenköpfen als Hafensperre versenkt und geht nach Kriegsende den Weg aller alten Schiffe, den der Verschrot-tung.

Schon bald nach dem Kriege bildet sich in Kiel eine Ge-meinschaft ehemaliger *Gneisenau*-Fahrer, die auch weiter-hin die an Bord gepflegte Bordkameradschaft aufrechterhal-ten wollen. Der Gründer und Vorsitzende der »Marine-kameradschaft *Gneisenau*« war der 1970 verstorbene Kame-rad Kurt Bühring, der vom ersten bis zum letzten Tag als Verwaltungsstabsoberfeldwebel an Bord Dienst tat. Die *Gneisenau*-Gemeinschaft pflegt die Kameradschaft, die sich an Bord so bewährt hatte, und nun die Tradition des Schiffes weiter.

Vom Schlachtschiff »Gneisenau« versenkte oder als Prise eingebrachte Schiffe

Bezeichnung	Name	Nationalität	Größe BRT	Art des Erfolges	Datum	Uhrzeit
Frachter	*Kantara*	britisch	3237	versenkt	22. 2. 41	10.55
Frachter	*Trelawny*	britisch	4689	versenkt	22. 2. 41	13.12
Frachter	*A. D. Huff*	britisch	6219	versenkt	22. 2. 41	16.23
Frachter	*Harlesden*	britisch	5483	versenkt	22. 2. 41	23.08
Motortanker	*Bianca*	norweg.	5688	aufgebracht durch Prisenkdo.	15. 3. 41 / 20. 3. 41	10. 20 / vers.
Motortanker	*San Casimiro*	britisch	8046	aufgebracht durch Prisenkdo.	15. 3. 41 / 20. 3. 41	13. 40 / vers.
Motortanker	*Polykarp*	norweg.	6405	aufgebracht als Prise	15. 3. 41 / 24. 3. 41	17.50 / Bordeaux ein
Motortanker	*Simnia*	britisch	6197	versenkt	15. 3. 41	19.06
Frachter	*Rio Dorado*	britisch	4507	versenkt	16. 3. 41	04.28
Frachter	*Empire Industry*	britisch	3721	versenkt	16. 3. 41	08.55
Frachter	*Granli*	norweg.	1577	versenkt	16. 3. 41	10.22
Frachter	*Myson*	französ.	4564	versenkt	16. 3. 41	13.25
Frachter	*Royal Crown*	britisch	4388	versenkt	16. 3. 41	15.50
Motorschiff	*Chilean Reefer*	britisch	1793	versenkt	16. 3. 41	nach 21.40

Insgesamt wurden gestellt: 14 Schiffe mit 66 514 BRT, davon wurden versenkt: 13 Schiffe mit 60 109 BRT, als Prise wurde eingebracht: 1 Schiff mit 6405 BRT.

Treffer, die das Schlachtschiff »Gneisenau« von 1940 bis 1942 erhielt

Am 9. 4. 1940:	3 Artillerietreffer beim Gefecht mit der *Renown* im Nordmeer,
am 5. 5. 1940:	Grundminentreffer vor der Elbmündung,
am 20. 6. 1940:	U-Boottorpedotreffer westlich Drontheim,
am 6. 4. 1941:	Flugzeugtorpedotreffer auf Brest Reede,
am 10. 4. 1941:	4 Bombentreffer im Trockendock in Brest,
am 6. 1. 1942:	Bomben-Nahtreffer im Trockendock in Brest,
am 12. 2. 1942:	Grundminentreffer außerhalb Terschelling und
am 26. 2. 1942:	Bombentreffer im Schwimmdock in Kiel.

Die Kommandanten der »Gneisenau«

Kapitän zur See Erich Förste	5. 1938—11. 1939
Kapitän zur See Harald Netzbandt	11. 1939— 8. 1940
Kapitän zur See Otto Fein	8. 1940— 4. 1942

Schlachtschiff „Gneisenau"
Abt XVI Spt 153,936 – 166,125

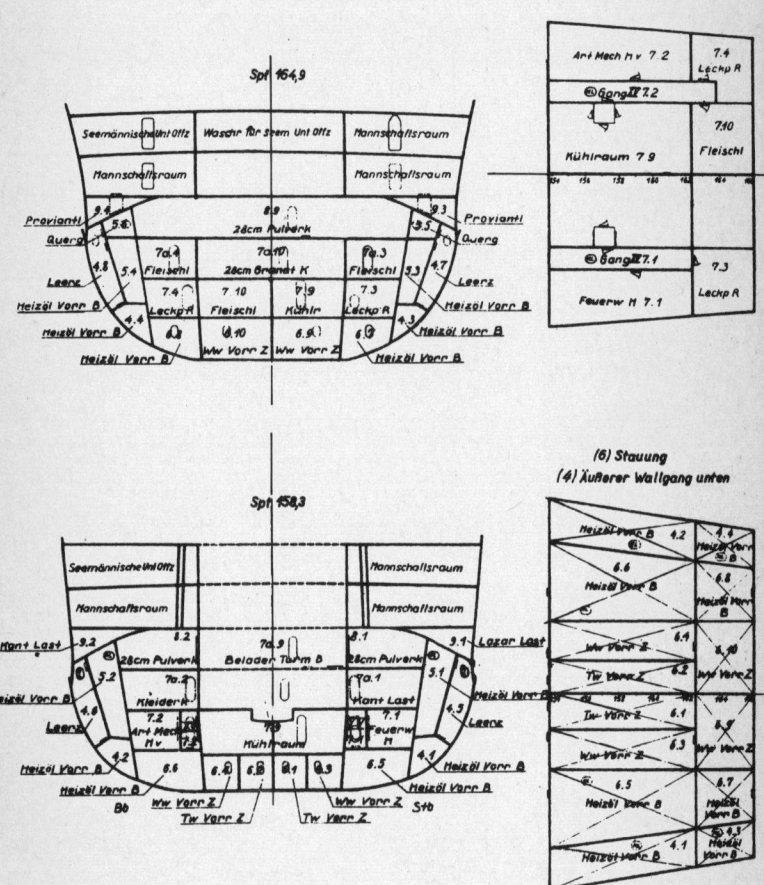

(7) Unteres Plattformdeck

(6) Stauung
(4) Äußerer Wallgang unten

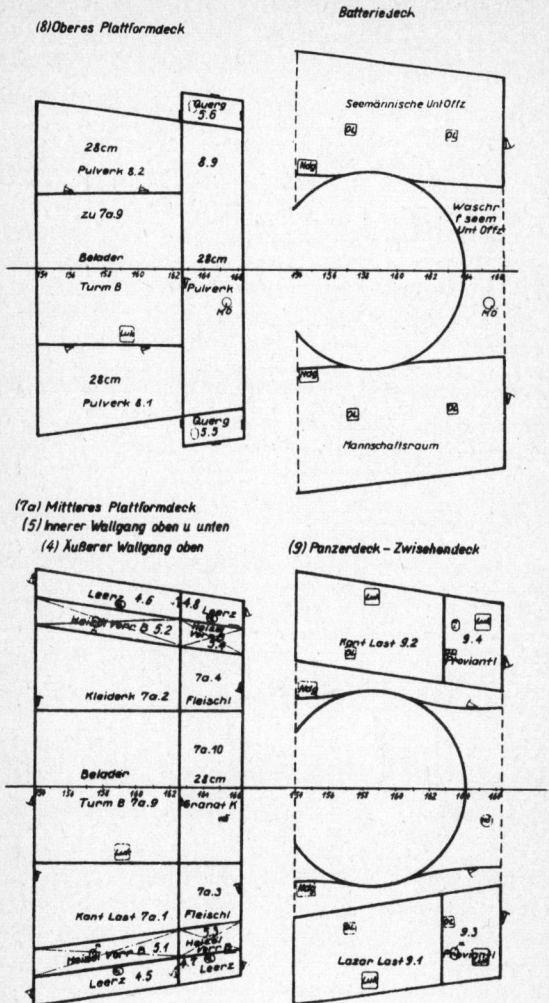

(8) Oberes Plattformdeck

Batteriedeck

28cm
Pulverk 8.2

zu 7a.9

Beladen
Turm B

Querg 5.6

8.9

28cm
Pulverk
M6

Querg 5.5

28cm
Pulverk 8.1

Seemännische UntOffz

Waschr f seem Unt Offz

Mannschaftsraum

(7a) Mittleres Plattformdeck
(5) Innerer Wallgang oben u unten
(4) Äußerer Wallgang oben

(9) Panzerdeck – Zwischendeck

Leerz 4.6
Helzell Vorr B 5.2

Kleiderk 7a.2

Beladen
Turm B 7a.9

Kant Last 7a.1

Helzell Vorr B 5.1

Leerz 4.5

4.8 Leerz
Helzell Vorr B 5.3

7a.4
Fleischl

7a.10
28cm
Granat K

7a.3
Fleischl

Helzell Vorr
Leerz

Kant Last 9.2

Proviant1

9.4

9.3
Proviant1

Lazar Last 9.1

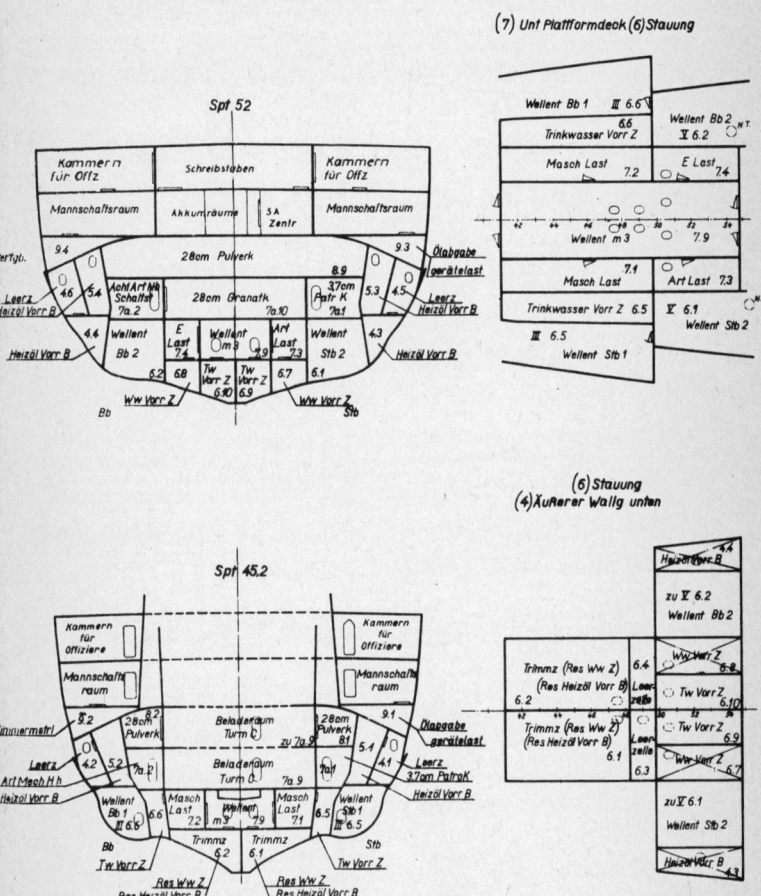

Schlachtschiff „Gneisenau"
Abt IV Spt 40,85–54,5

Spt 52

Kammern für Offz	Schreibstuben	Kammern für Offz
Mannschaftsraum	Akkumräume · 5A Zentr	Mannschaftsraum

28cm Pulverk

Vertgb. 9.4 — 9.3 Ölabgabe gerätelast

8.9

Leerz Heizöl Vorr B 4.6 5.4 — Achil Art M Schaltst 7a.2 — 28cm Granatk 7a.10 — 3,7cm Patr K 7a.1 5.3 4.5 Leerz Heizöl Vorr B

Heizöl Vorr B 4.4 — Wellent Bb 2 — E Last 7.4 — Wellent m 3 — Art Last 7.3 — Wellent Stb 2 — 4.3 Heizöl Vorr B

6.8 Tw Vorr Z 6.10 — Tw Vorr Z 6.9 — 6.1

Bb — Ww Vorr Z — Ww Vorr Z Stb

---

(7) Unt Plattformdeck (6) Stauung

Wellent Bb 1	III 6.6
Trinkwasser Vorr Z	6.6	Wellent Bb 2	V 6.2 · W.T.
Masch Last	7.2	E Last	7.4
Wellent m 3	7.9
Masch Last	7.1	Art Last	7.3
Trinkwasser Vorr Z	6.5	V 6.1
III 6.5	Wellent Stb 2 · W.T.
Wellent Stb 1	

Spt 45,2

Kammern für Offiziere		Kammern für Offiziere
Mannschaftsraum		Mannschaftsraum

Zimmermstrl 5.2 — 28cm Pulverk 8.2 — Beladeraum Turm b — zu 7a.8 — 28cm Pulverk 8.1 — 9.1 Ölabgabe gerätelast

Leerz Art Mech H h 4.2 5.2 7a.p — Beladeraum Turm a — 7a.9 — 5.1 4.1 — Leerz 3,7cm Patro K Heizöl Vorr B

Heizöl Vorr B — Wellent Bb 1 II 6.6 — Masch Last 7.2 — Wellent m 3 7.9 — Masch Last 7.1 — Wellent Stb 1 6.5 II 6.5 — Heizöl Vorr B

Bb — Trimmz 6.2 — Trimmz 6.1 — Stb

Tw Vorr Z — Res Ww Z — Res Ww Z — Tw Vorr Z
Res Heizöl Vorr B — Res Heizöl Vorr B

---

(6) Stauung
(4) Äußerer Wallg unten

Heizöl Vorr B	4.4
zu V 6.2 Wellent Bb 2	
Trimmz (Res Ww Z) (Res Heizöl Vorr B) 6.2	6.4 Leer zelle	Ww Vorr Z 6.8
	Tw Vorr Z 6.10
Trimmz (Res Ww Z) (Res Heizöl Vorr B) 6.1	Leer zelle	Tw Vorr Z 6.9
	6.3	Ww Vorr Z 6.7
zu V 6.1 Wellent Stb 2	
Heizöl Vorr B	4.3

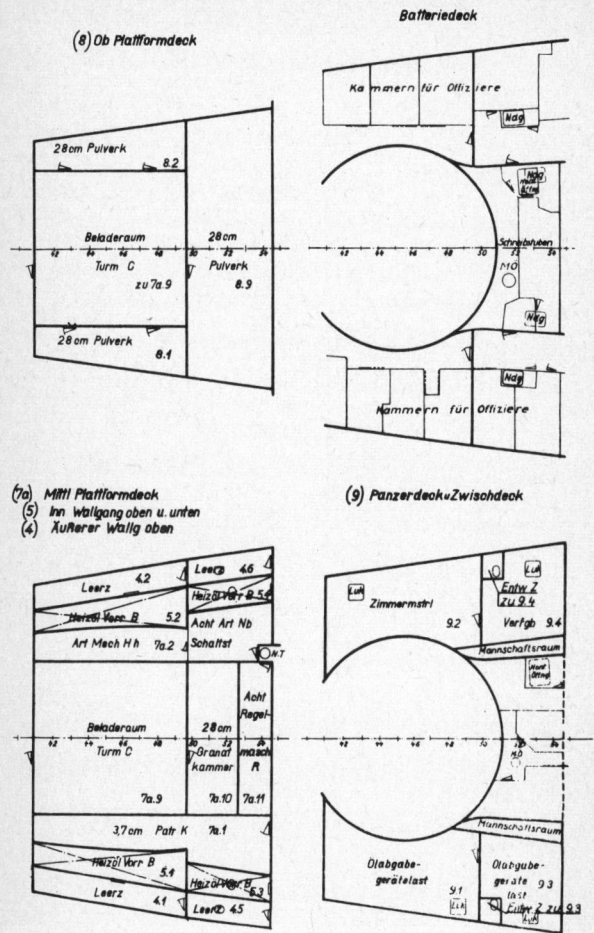

(8) Ob Plattformdeck

Batteriedeck

28 cm Pulverk   8.2

Beladeraum   28 cm
Turm C   Pulverk
zu 7a.9   8.9

28 cm Pulverk   8.1

Kammern für Offiziere   Ndg

Ndg

Schreibstuben   M10

Ndg

Kammern für Offiziere   Ndg

(7a) Mittl Plattformdeck
(5) Inn Wallgang oben u. unten
(4) Äußerer Wallg oben

Leerz   4.2
Leerz   4.6
Heizöl Vorr B   5.4
Heizöl Vorr B   5.2
Acht Art Nb
Art Mech H h   7a.2
Schaltst   N.T

Acht
Regel-
Beladeraum   28 cm   masch
Turm C   -Granat-   R
kammer
7a.9   7a.10   7a.11

3,7 cm Patr K   7a.1
Heizöl Vorr B   5.1
Heizöl Vorr B   5.3
Leerz   4.1   Leer D   4.5

(9) Panzerdeck u Zwischdeck

Zimmermstr   Entw Z
9.2   zu 9.4

Vertgb   9.4
Mannschaftsraum
Hand
Ding

Mannschaftsraum
Ölabgabe-   Ölabgabe-
gerätelast   geräte   9.3
9.1   last
Füllw Z zu 9.3

155

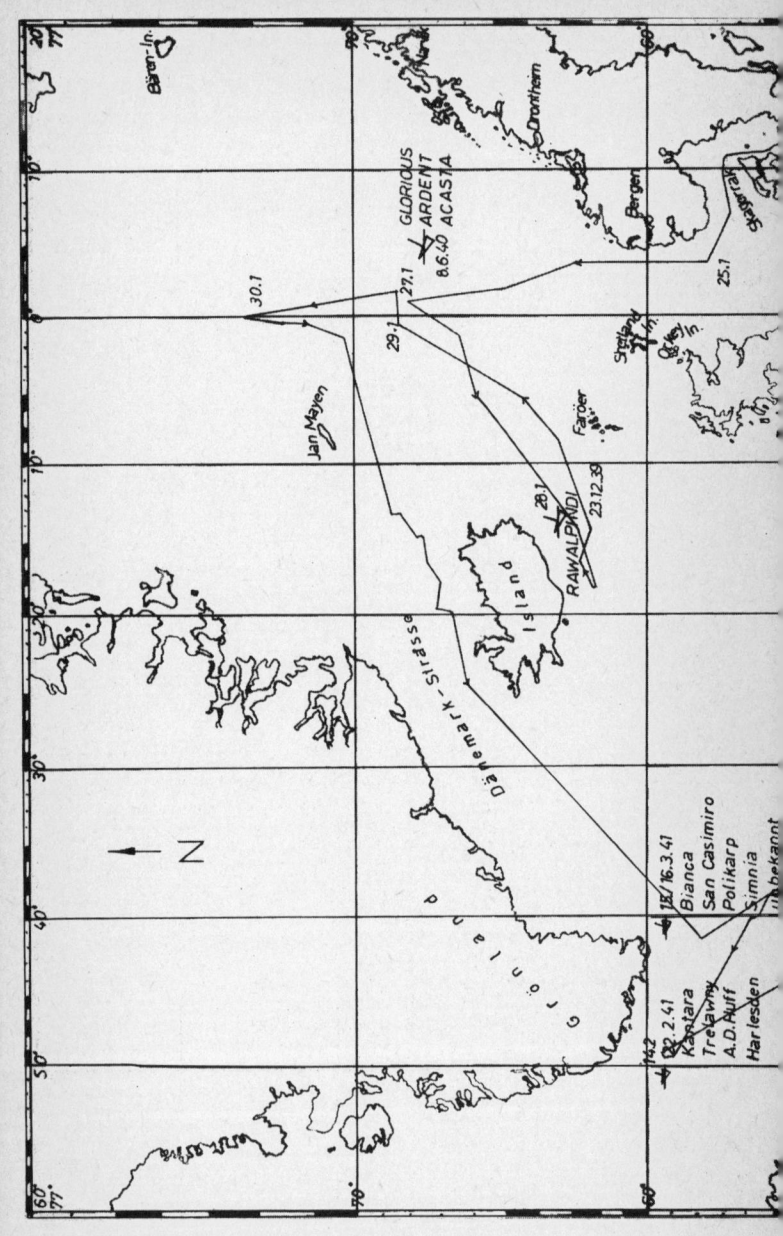

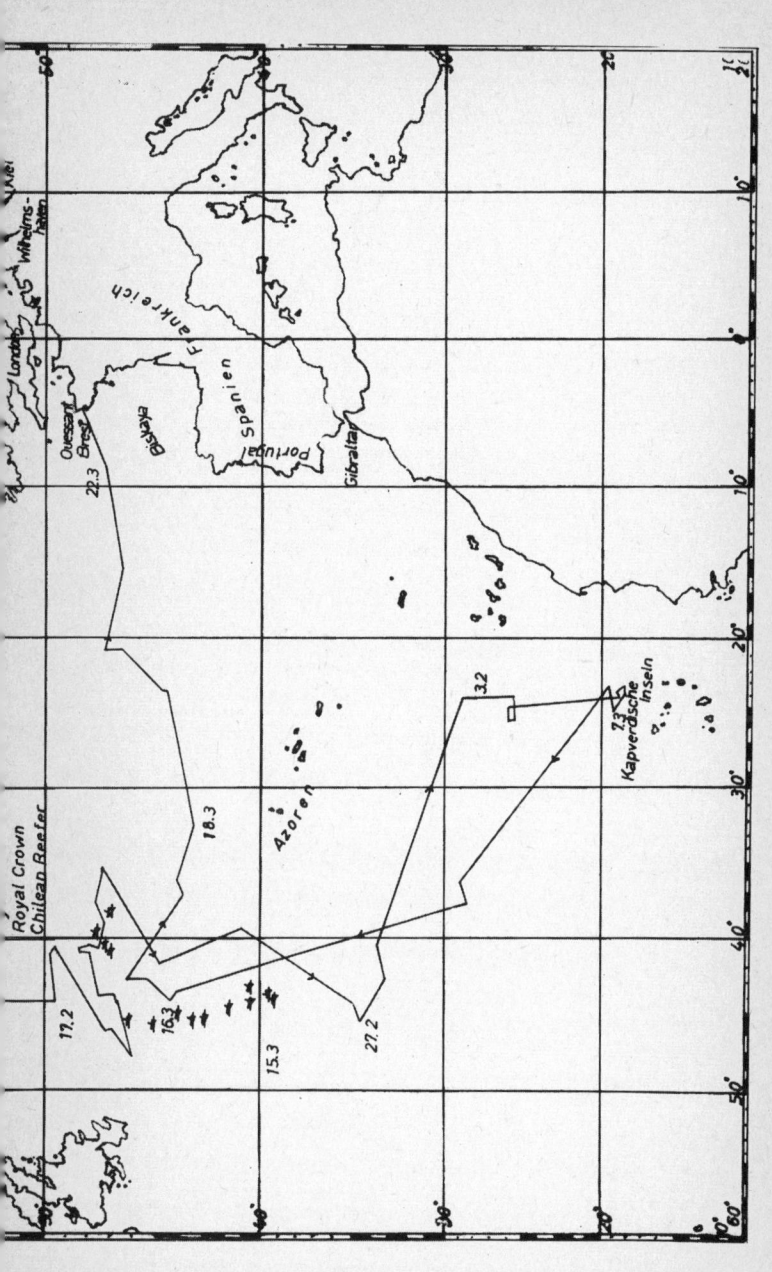

Literatur und Quellen

(1) Kriegstagebücher Schlachtschiff *Gneisenau* im Bundesarchiv-Militärarchiv, Freiburg i. Br.

(2) Ministry of Defence, Naval Historical Branch (Hrg.): The Bucknill Report, London 1946.

(3) S. W. Roskill: The War at Sea 1939—1945. The Defence, Bd. I, London 1954.

(4) E. Raeder: Mein Leben, Bd. I und II, Tübingen 1956 und 1957.

(5) J. G. Bidlingmaier: Einsatz der schweren Kriegsmarineeinheiten im ozeanischen Zufuhrkrieg, Neckargemünd 1963.

(6) Eigene Tagebuchaufzeichnungen des Verfassers.

(7) Aufzeichnungen des Kriegstagebuchführers der *Gneisenau*, KKpt(V) Bethmann, wiedergegeben in den Bordzeitungen der Marinekameradschaft »Gneisenau«, Kiel.

Sachbuch-Bestseller als Heyne-Taschenbücher

E. E. Vardiman
Nomaden
7077 / DM 9,80

Gerda Hagenau
**Verkünder
und Verführer**
7078 / DM 7,80

Thomas Jeier
**Die letzten Söhne
Manitous**
7079 / DM 6,80

Ernst F. Jung
Sie bezwangen Rom
7081 / DM 8,80

Erich von Däniken
Beweise
7082 / DM 7,80

Jürgen vom Scheidt
Singles
7083 / DM 4,80

Wolfgang Leonhard
**Die Revolution
entläßt ihre Kinder**
7090 / DM 9,80

Jürgen Wölfer
Handbuch des Jazz
7091 / DM 6,80

Julius Hackethal
Sprechstunde
7093 / DM 5,80

Carl W. Weber
Die Spartaner
7094 / DM 9,80

Luis E. Navia
Abenteuer Universum
7095 / DM 7,80

Herbert Gottschalk
**Lexikon
der Mythologie**
7096 / DM 14,80

Gerhard Konzelmann
Die großen Kalifen
7097 / DM 8,80

Ernst Herrmann
**Am Himmel das Kreuz
des Südens**
7098 / DM 7,80

M. Christopher
**Geister, Götter,
Gabelbieger**
7099 / DM 7,80

Thomas Jeier
Die Eskimos
7100 / DM 7,80

Julius Hackethal
**Keine Angst
vor Krebs**
7101 / DM 5,80

Ch. Ping/D. Bloodworth
**Das chinesische
Machtspiel**
7102 / DM 7,80

Erich von Däniken
Im Kreuzverhör
7103 / DM 6,80

A. E. Johann
**Wo ich die Erde
am schönsten fand**
7104 / DM 8,80

Dee Brown
**Im Westen ging
die Sonne auf**
7105 / DM 9,80

Werner Ekschmitt
**Das Gedächtnis
der Völker**
7106 / DM 10,80

Rolf Palm
Die Sarazenen
7107 / DM 9,80

Jürgen Wölfer
**Die
Rock- u. Popmusik**
7108 / DM 6,80

Max Niehaus
Ballett-Faszination
7109 / DM 8,80

Wilhelm v. Schramm
**Der Geheimdienst in
Europa 1937–1945**
7110 / DM 8,80

**Wilhelm Heyne Verlag
München**